그림책 급수한자 8급

제**1**부 인간　　　　/ 001

제**2**부 자연　　　　/ 015

제**3**부 생활　　　　/ 029

부록 – 쓰기연습　　　/ 057

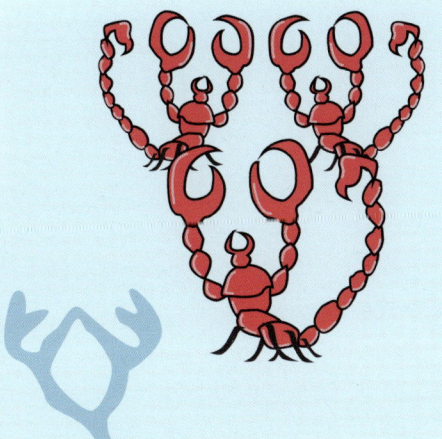

1 인간

003 _ 敎 (가르칠 교)
004 _ 女 (여자 녀)
005 _ 大 (큰 대)
006 _ 母 (어미 모)
007 _ 父 (아비 부)
008 _ 北 (북녘 북)
009 _ 先 (먼저 선)
010 _ 人 (사람 인)
011 _ 長 (길 장)
012 _ 寸 (마디 촌)
013 _ 學 (배울 학)
014 _ 兄 (맏 형)

2 자연

017 _ 校 (학교 교)
018 _ 東 (동녘 동)
019 _ 木 (나무 목)
020 _ 山 (산 산)
021 _ 生 (날 생)
022 _ 西 (서녘 서)
023 _ 水 (물 수)
024 _ 月 (달 월)
025 _ 日 (날 일)
026 _ 土 (흙 토)
027 _ 韓 (나라 한)
028 _ 火 (불 화)

3 생활

031 _ 九 (아홉 구)
032 _ 國 (나라 국)
033 _ 軍 (군사 군)
034 _ 金 (쇠 금)
035 _ 南 (남녘 남)
036 _ 年 (해 년)
037 _ 萬 (일만 만)
038 _ 門 (문 문)
039 _ 民 (백성 민)
040 _ 白 (흰 백)
041 _ 四 (넉 사)
042 _ 三 (석 삼)
043 _ 小 (적을 소)
044 _ 室 (집 실)
045 _ 十 (열 십)
046 _ 五 (다섯 오)
047 _ 王 (임금 왕)
048 _ 外 (밖 외)

049 _ 六 (여섯 육)
050 _ 二 (두 이)
051 _ 一 (한 일)
052 _ 弟 (아우 제)
053 _ 中 (가운데 중)
054 _ 靑 (푸를 청)
055 _ 七 (일곱 칠)
056 _ 八 (여덟 팔)

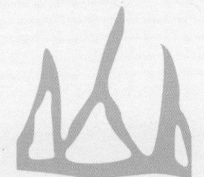
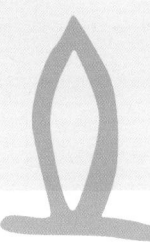

이 책의 구성

　이 책은 어원을 통해 한자를 이해하도록 하였으며, 이왕 배운 한자를 한자능력검정시험에도 그 능력을 펼칠 수 있게 8급 시험에 출제되는 한자들로 엮어 아래와 같은 순서로 구성하였습니다.

1. 현대 한자
2. 육서의 종류: 상형, 지사, 회의, 형성, 전주, 가차
3. 총 획수
4. 부수
5. 뜻과 독음
6. 한자에 대한 설명
7. 갑골문, 금문, 설문소전
8. 활용한자
9. 필획순서
   ....
10. 부록1─쓰기연습
11. 부록2─한자카드

　이 책의 제일 마지막 부분에는 부록으로 한자쓰기연습장을 따로 마련해두었습니다. 크게 두 부분으로 나누어, 윗부분은 현대한자, 아랫부분은 그 어원에 해당되는 갑골문·금문·설문소전을 쓰도록 하였습니다. 갑골문등을 쓸 때 한자의 내용을 제대로 이해하고 있다면 그렇게 어렵지 않게 쓸 수 있을 거예요. 그리고 책과는 별개로 한자카드를 따로 만들어, 한 면에는 현대한자와 그에 대한 해석, 다른 한 면에는 그 어원에 해당되는 갑골문·금문·설문소전과 그림을 그려 넣었어요. 본문의 내용을 다 이해하고 나서, 한자카드를 가지고 다시 한 번 더 해당 한자를 확인해보도록 하였습니다.

머리말

　1899년에 갑골문이 발견되고 나서 벌써 121년이 흘렀습니다. 갑골문이 발견되었다함은 바로 한자의 어원을 알 수 있다는 것을 의미합니다. 그간 한자의 어원을 제대로 이해하지 못해, 한자를 엉뚱하게 해석한 경우가 허다하였습니다. 그러나 다행히 갑골문의 발견으로 인해, 그러한 잘못된 해석은 사라져가고 있는 추세라 할 수 있습니다. 물론 현재 발견된 갑골문이 모두 해독된 것은 아니라서 여전히 의견이 분분한 한자도 많이 존재합니다. 그렇지만 분명한 점은 한자문화권에 속하고, 한자어를 사용하고 있는 한국인에게 그전의 한자 학습과는 비교도 안 되게 쉽게 한자를 이해할 수 있게 되었다는 것입니다.

　수업 중에 한자를 써야 할 때 가끔 그 형상이 바로 떠오르지 않을 때가 있습니다. 그럼, 갑골문에 근거하여 스토리텔링 하듯 한자를 쓸 때가 있습니다. 예를 들어볼까요? 재앙을 뜻하는 災, 灾, 烖는 너무나 쉬운 한자들이지만, 갑골문을 모르는 학생들에겐 뜻은 같지만 각각의 형체를 지닌, 그래서 무조건 외워야만 하는 것일 수 있습니다. 그렇지만 갑골문을 안다면 혹은 기초자의 의미를 안다면, 이 한자들은 그 당시의 문화를 알 수 있음과 동시에 너무도 생생하게 와 닿는 사실적인 그림으로 인식될 수 있습니다.

　災(재앙 재)는 갑골문에서 〰라고 써, 먼 옛날 홍수로 인한 재앙을 나타내었습니다. 거기에다 아랫부분에 불을 뜻하는 火(불 화)를 더해 가뭄에 의한 재앙도 같이 나타낸 것이랍니다. 참 재미있지 않나요? 현대의 우리에게도 홍수나 가뭄은 쉬이 견딜 수 있는 재앙이 아니지요. 그러니 갑골문의 시대에서는 더더욱 공포스런 자연현상이었을 것입니다. 여기에다 집 안에 난 불도 재앙에 속하는 것입니다. 그것이 바로 灾입니다. 宀(집 면)은 갑골문에 ∩이라고 써, 고대 가옥의 형상을 본뜬 상형자로, 그 당시 집의 모습을 알 수 있는 기초자입니다. 이와 같은 집에 불이 들어가 있어요. 갑골문에는 ⌂라고 표현되어 있습니다. 현재의 집 화재와 원전히 동일한 모습이잖아요. 3천 년 전의 가옥 화재와 21세기의 가옥 화재가 같은 모습이라고 상상해보세요. 3천 년의 세월이 무색하게 느껴질 정도랍니다. 마지막의 烖는 바로 전쟁으로 인한 재앙을 의미합니다. 이는 戈(다칠 재)와 火(불 화)로 구성되어 있습니다. 이전의 전쟁은 바로 무기를 통한 실제 전투를 말합니다.

고대에 무기를 대표하는 한자를 말하라고 하면 바로 戈(창 과)를 예로 들 수 있을 것입니다. 그러므로 전쟁으로 인한 재앙에는 창으로 대표되는 무기, 침략을 한 이후에 가옥을 불사르는 불이 대표적으로 들어가 있습니다. 머릿속으로 쉽게 전쟁의 형상이 그려지지 않나요? 이처럼 외우는 한자가 아닌 연상을 통한 한자, 그림으로 보는 한자를 이 책에서는 보여주고자 합니다.

한자의 어원을 제대로 이해할 수 있다면, 한자를 보고 그 뜻을 설명하는 데에 크게 어려움을 느끼지 않을 것입니다. 이처럼 어원을 통한 한자 배우기는 한자어가 70%이상을 차지하고 있는 한국에서 선택이 아니라 필수라고 할 수 있습니다.

21세기를 살아가고 있는 현대인들이 고대의 습속을 알기란 쉽지 않습니다. 그렇지만 한자는 그 어려움을 손쉽게 해결합니다. 갑골문은 3천년 이전에 사용된 문자이기에, 그 당시의 문화도 같이 엿볼 수 있다는 점에 아주 큰 매력을 지니고 있습니다. 게다가 지구상에 3천년 이전의 문자를, 조금의 학습을 통해 읽고 이해할 수 있는 건 한자밖에 없을 것입니다. 이 얼마나 짜릿한 경험입니까? 여러분들은 영화에서 고대 이집트의 문자를 전문가들이 읽어내고 그로 인해 모험을 하는 장면을 많이 봤을 것입니다. 그들의 문자를 읽어낼 수 있는 건 오랫동안 연구한 전문가들입니다. 일반 사람들은 감히 접근할 수 없는 문자들이란 말입니다. 그런데 한자는 어떤가요? 여러분들이 전문가가 아니라 할지라도 갑골문을 통해 한자를 배웠다면 일정 정도는 해독이 가능해요. 표의문자라는 한자의 특성이 없었다면 3천년 이전의 문화와 문자를 어찌 제대로 이해할 수 있을까요?

고대와 현대를 관통하고 있는 문자, 그것이 바로 한자입니다. 이제 쉽게 그림으로 이해해보는 건 어떨까요? 그럼, 지금부터 매력적인 한자로 세계로 빠져들 준비가 되었나요?

2021년 8월
김화영 씀

1부 인간

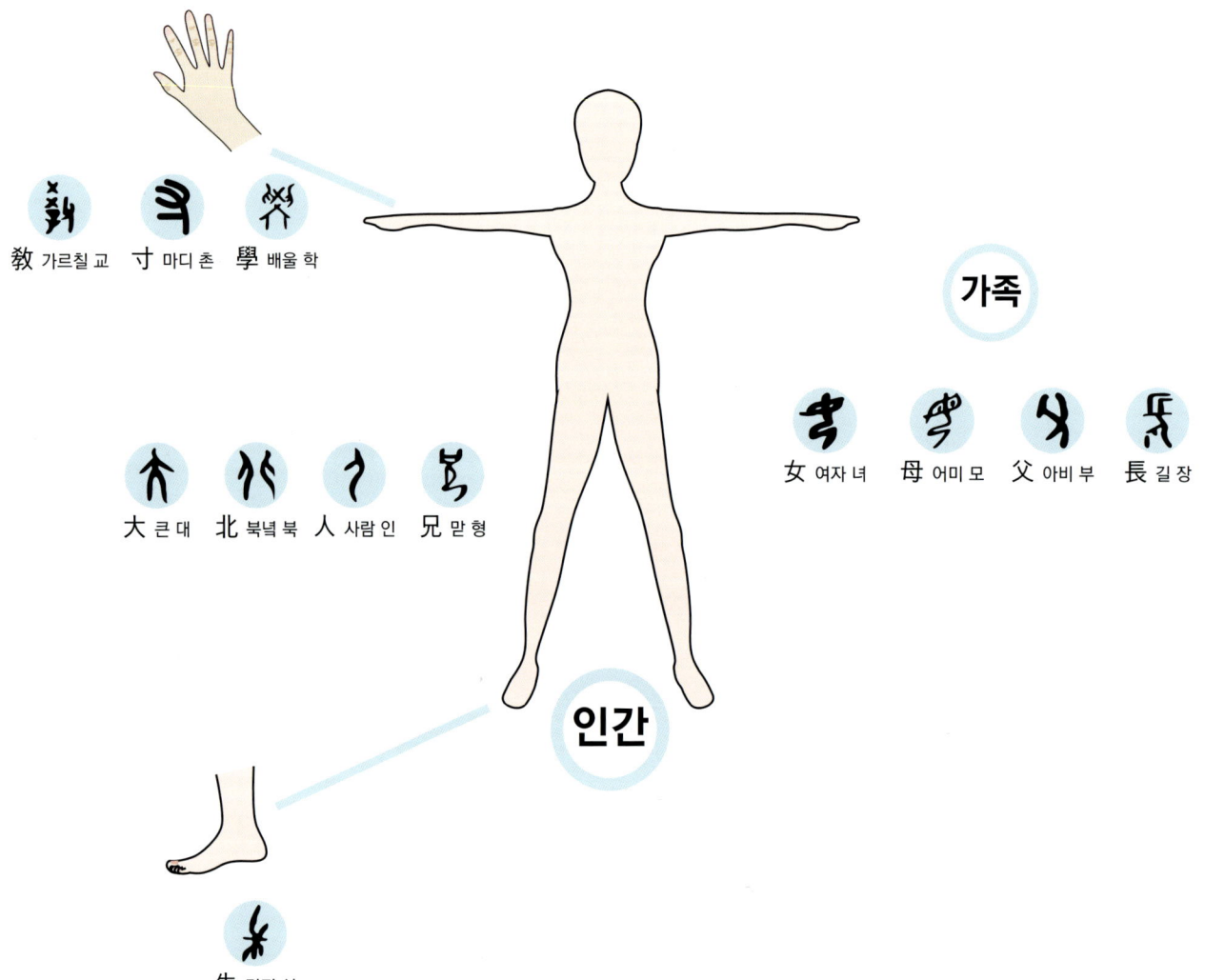

教

가르칠 교

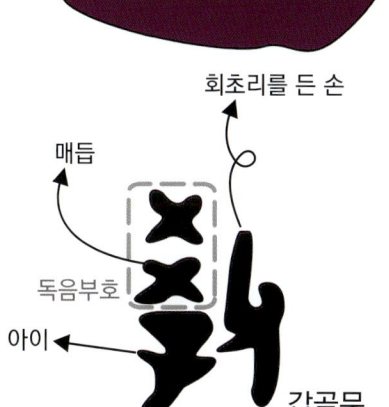

형성자   부수: 攵(칠 복)   총획: 11

아이가 매듭 지우는 법을 배우는 모습이고,
엄마가 옆에서 매를 들고 못하면 때리면서 가르치는 모습이에요.
여기에서 '가르치다'는 뜻이 생겼어요.

활용   教習(교습): 학문이나 기예 따위를 가르쳐 익히게 함

教 教 教 教 教 教 教 教 教 教 教

여자 녀

상형자 부수: 女(여자 녀) 총획: 3

두 손을 앞으로 모으고 앉아 있는 여자의 모습이에요. 그래서 '여자'를 나타낸답니다.

두 손을 앞으로 모은 모습

앉은 모습

갑골문

활용 | 孝女(효녀): 효성이 지극한 딸

女 女 女

 **큰 대**

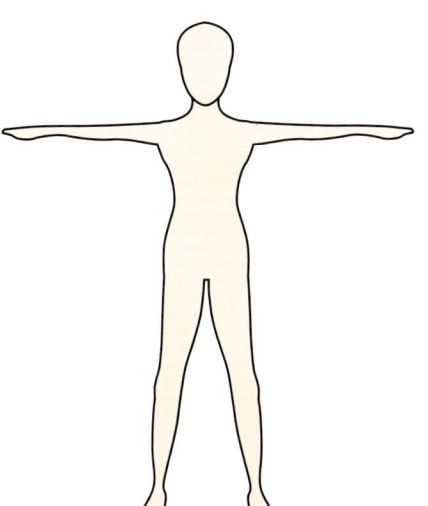

상형자　부수: 大(큰 대)　총획: 3

팔과 다리를 벌린 사람이 앞을 바라보고 서 있는 모습이에요.
팔과 다리를 벌리고 서 있으면 그냥 서 있는 것보다 커 보이잖아요.
그래서 '크다'는 뜻이 생겼어요.

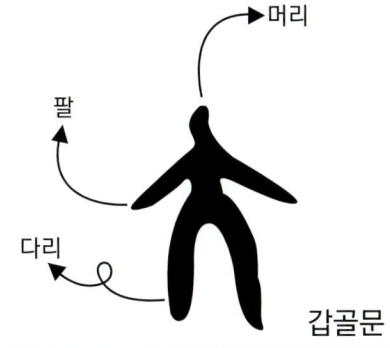

| 활용 | 大事(대사): 큰 일 |

大大大

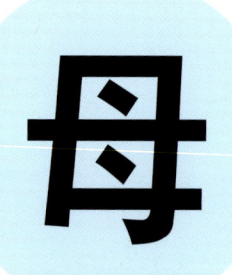

어미 모

상형자   부수: 毋(어미 모/말 무)   총획: 5

두 손을 모으고 앉은 여자의 모습이에요.
가운데 두 점은 여자의 젖가슴을 뜻해요.
엄마가 아기에게 젖을 먹이잖아요.
여기에서 '어미' 즉 '엄마'라는 뜻이 생겼어요.

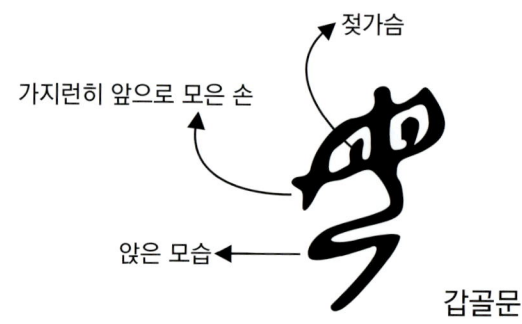

갑골문

| 활용 | 母子(모자): 어머니와 그 아들 |

아비 부

지사자   부수: 父(아비 부)   총획: 4

손으로 돌도끼를 쥐고 있는 모습이에요.
옛날에 돌도끼를 들고 밖에 나가 사냥을 했던 사람은 아버지였어요.
그래서 '아버지'라는 뜻이, 다시 '크다'는 뜻이 생겼어요.

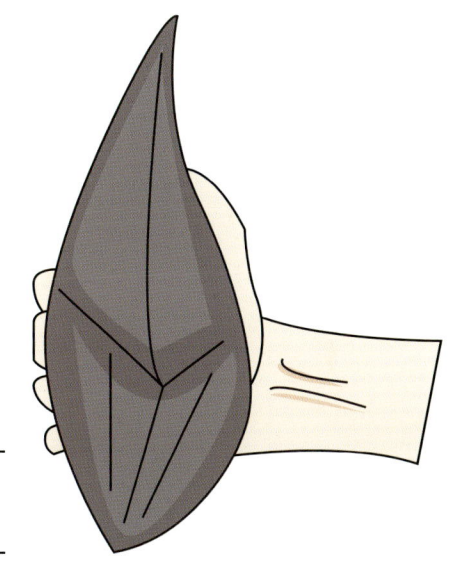

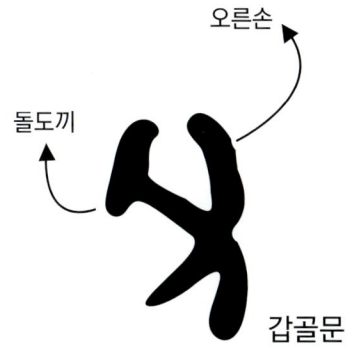
갑골문

활용	祖父(조부): 할아버지

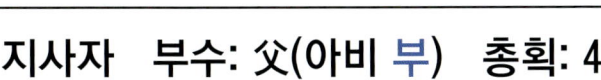

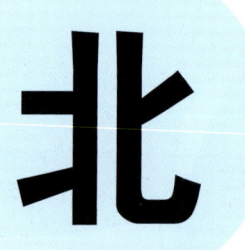

북녘 북 / 달아날 배

회의자　부수: 匕(비수 비)　총획: 5

두 사람이 서로 등을 지고 있는 모습이에요.
그래서 '등지다'라는 뜻이 있어요.
등진 쪽이 북쪽이라서 '북쪽'이라는 의미가 생겼답니다.
또 싸움에 져서 도망갈 때 북쪽으로 많이 갔거든요.
그래서 '달아나다'는 뜻도 생겼어요.
'달아나다'는 뜻으로 사용할 때는 '배'로 읽어야 해요.

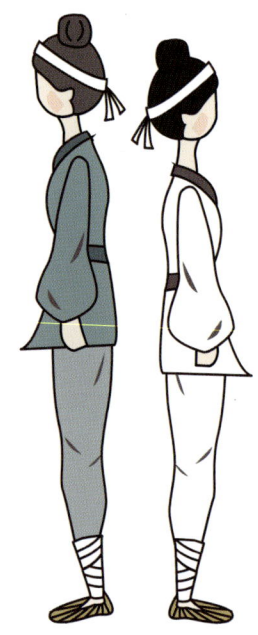

서로 등지고 서 있는 사람

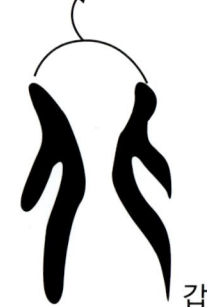

갑골문

활용　北向(북향): 북쪽으로 향함, 북쪽 방향

北 北 北 北 北

먼저 선

회의자   **부수:** 儿(사람 **인**)   **총획:** 6

발과 사람의 모습이에요.
발을 사람의 앞에 놓아, '앞'이라는 뜻을 나타냈어요.
순서상 '앞'에 있는 것이 '먼저'잖아요.
그래서 여기에서 '먼저'라는 뜻이 생겼답니다.

| 활용 | 先後(선후): 먼저와 나중, 앞 뒤 |

先先先先先先

 사람 인

상형자　부수: 人(사람 인)　총획: 2

서 있는 사람의 옆모습을 그린 거예요.
'사람'을 나타내요.

| 활용 | 人形(인형): 사람의 형상, 모양을 흉내 내어 만든 장난감 |

길 장

상형자 　 부수: 長(길 장) 　 총획: 8

머리카락을 길게 늘어뜨린 노인이 지팡이를 짚고 있는 모습이에요.
옛날 사람들은 머리를 길러서 위로 묶었답니다.
그런데 나이가 들어, 노인이 되면 힘이 없으니까 머리를 위로 묶지 못하고, 머리를 길게 풀고 다녔어요.
여기에서 '길다'는 뜻이 생겼어요.

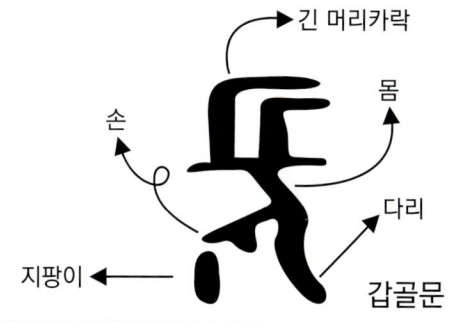

| 활용 | 長男(장남): 맏아들 |

長 長 長 長 長 長 長 長

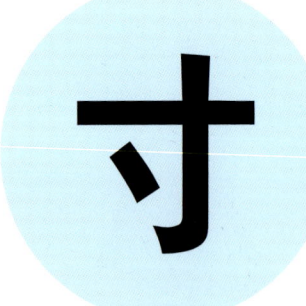

마디 촌

지사자　부수: 寸(마디 촌)　총획: 3

오른손에 짧은 가로획을 그린 거예요.
그런데 그 모습은 '손의 마디'를 표시한 거랍니다.
그래서 '마디'라는 뜻이 생겼어요.

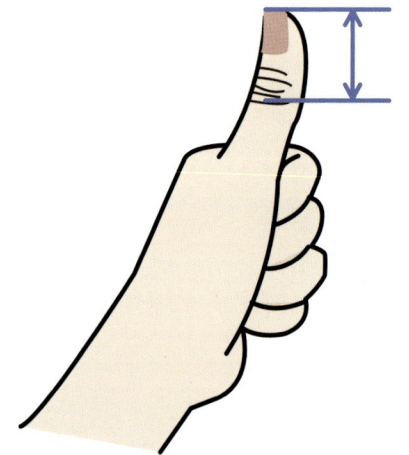

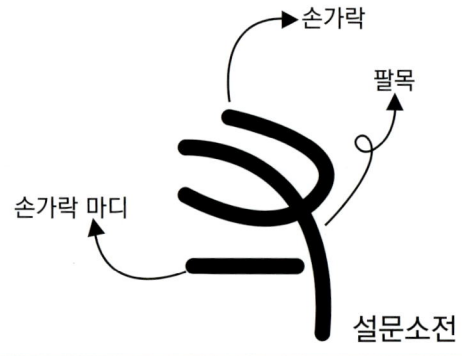

| 활용 | 寸數(촌수): 친족 간의 멀고 가까운 정도를 나타내는 숫자 체계 |

배울 학

회의자　부수: 子(아들 자)　총획: 16

아이가 집 안에서 두 손으로 매듭 지우는 법을 배우는 모습이랍니다.
글자가 만들어지기 전에는 여러 가지 매듭으로 의미를 표현했어요.
그래서 '배우다'라는 뜻이 생겼어요.

활용　學問(학문): 지식을 체계적으로 배워서 익히는 일

學 學 學 學 學 學 學 學 學 學 學 學 學 學 學 學

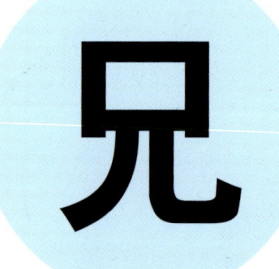 맏 형

회의자 부수: 儿(사람 인) 총획: 5

입을 벌리고 꿇어앉은 사람이 제단에서 기도하는 모습이에요. 제사를 주관하는 사람은 형제 중에서 보통 첫째였기 때문에, '맏', '형'이라는 뜻이 생겼어요.

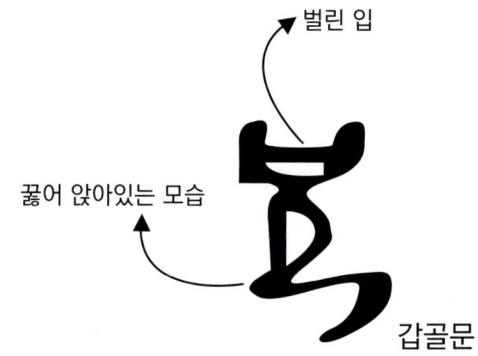

벌린 입
꿇어 앉아있는 모습
갑골문

| 활용 | 兄弟(형제): 형과 아우 |

兄 兄 兄 兄 兄

2부 자연

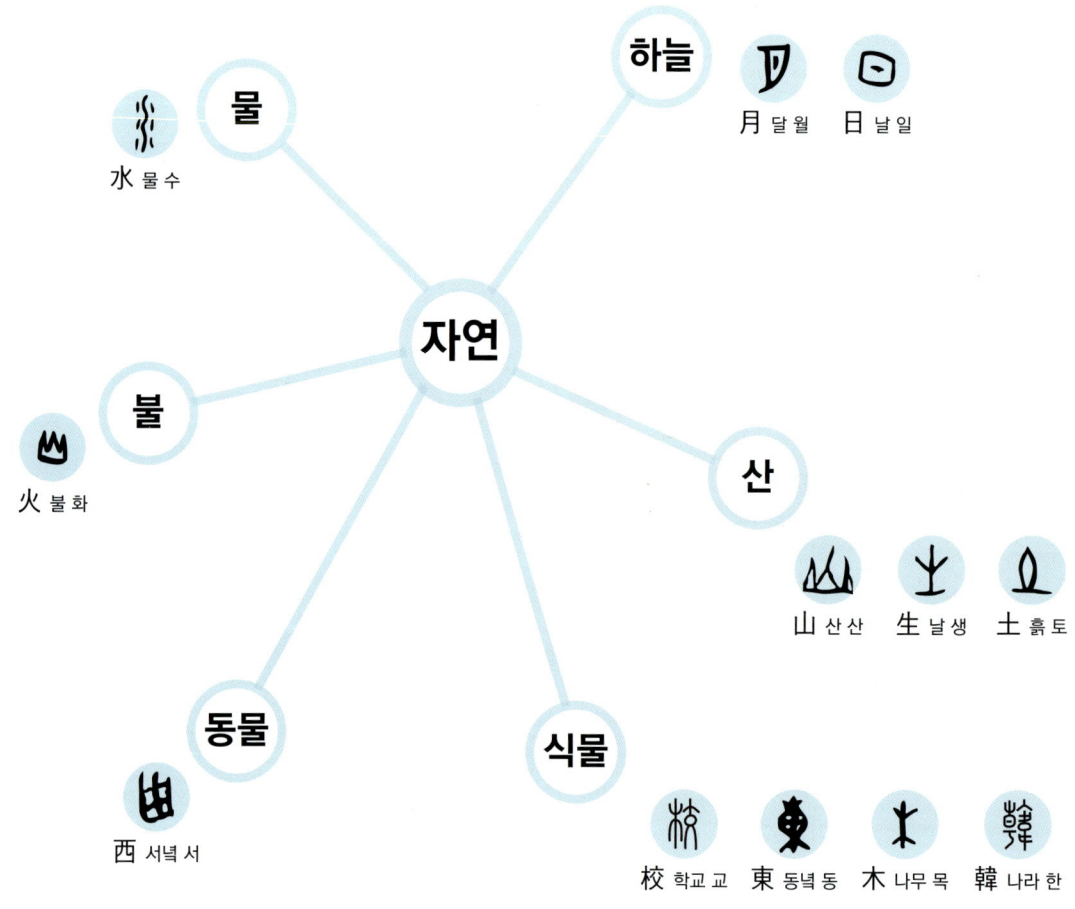

 학교 교

형성자　부수: 木(나무 목)　총획: 10

울타리를 그린 거예요.
배우는 곳 밖으로 울타리를 만들었는데,
이후에 '학교'라는 뜻이 생겼어요.

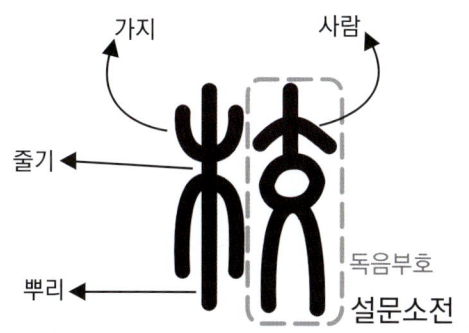

활용　學校(학교): 학생을 가르치는 교육기관

校校校校校校校校校校

동녘 동

회의자   부수: 木(나무 목)   총획: 8

원래는 동여매어 놓은 포대를 그렸는데, 해가 나무에 걸려 있는 모습으로 변했어요.
해는 '동쪽'에서 뜨니까, '동쪽'이라는 뜻이 생긴 거예요.

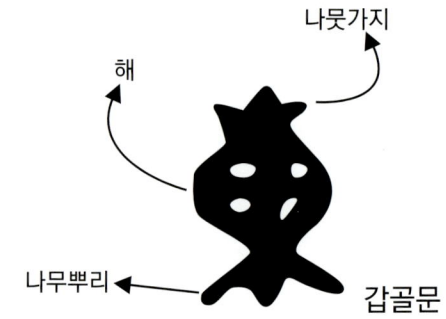

| 활용 | 東方(동방): 동쪽 지방 |

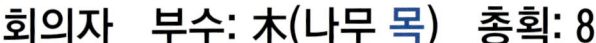

나무 목

상형자　부수: 木(나무 목)　총획: 4

나무 몸통에 가지와 뿌리를 그린 모습이에요.
위는 가지이고, 가운데는 몸통이고, 아래는 뿌리를 그렸어요.
'나무'를 나타낸답니다 .

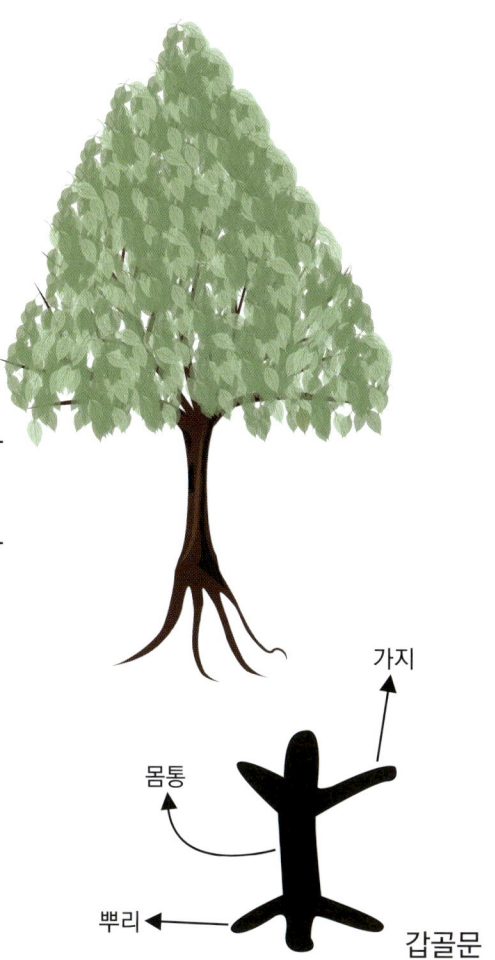

| 활용 | 木工(목공): 나무를 다루어서 물건을 만들어 내는 일 |

木 木 木 木

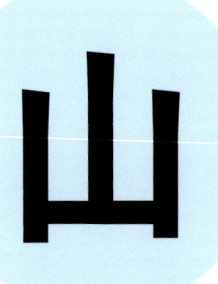 뫼 산

상형자   부수: 山(뫼 산)   총획: 3

3개의 산봉우리가 이어져 있는 '산'의 모습이에요.
바로 '산'이라는 뜻이랍니다.
옛날에 3은 많다는 뜻을 나타냈어요.
그래서 3개의 산봉우리는 많은 산을 말하는 거예요.

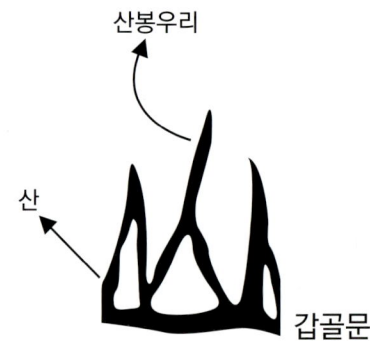

| 활용 | 登山(등산): 산에 오름 |

生 날 생

회의자 **부수:** 生(날 생) **총획:** 5

땅 위로 솟아나는 싹의 모습이에요.
그래서 '자라나다'가 원래 뜻이랍니다.
여기에서 이후에 '나다'라는 뜻이 생겼어요.

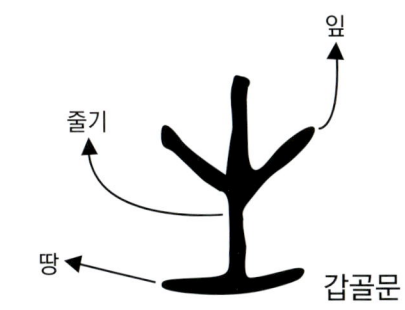

활용 生動(생동): 살이 움직임, 생기 있게 움식임

生 生 生 生 生

서녘 서

상형자 　부수: 襾(덮을 **아**)　총획: 6

새가 사는 둥지의 모습이에요.

새는 저녁이 되면 둥지로 날아가잖아요.

해가 서쪽으로 지면 저녁이 되니까, '서쪽'이라는 뜻이 생겼어요.

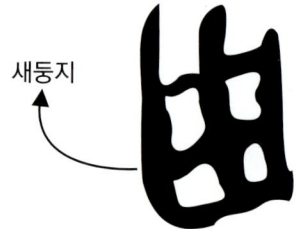

새둥지 / 갑골문

| 활용 | 西洋(서양): 동양이라고 불리는 아시아에 대립되는 유럽을 일컫는 말 |

西 西 西 西 西 西

물 수

상형자 부수: 水(물 수) 총획: 4

흐르는 물의 모습이에요.
그래서 '물'이 뜻이랍니다.

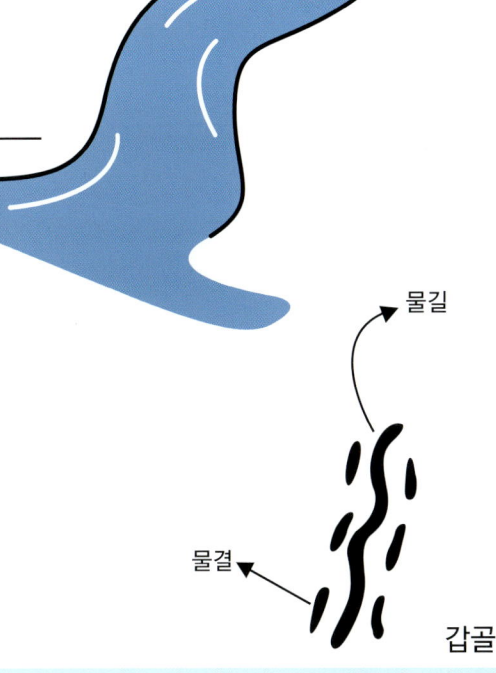

| 활용 | 水分(수분): 물기, 축축한 물의 기운 |

水 水 水 水

 달 월

상형자 부수: 月(달 월) 총획: 4

반달의 모습을 그려, '달'을 나타내고 있어요.
가운데 점은 달에 산다는 옥토끼를 그린 거예요.

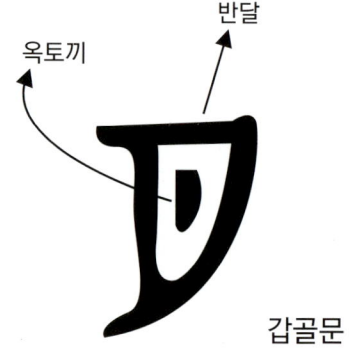

옥토끼 반달

갑골문

| 활용 | 月光(월광): 달빛, 달에서 비쳐 오는 빛 |

月月月月

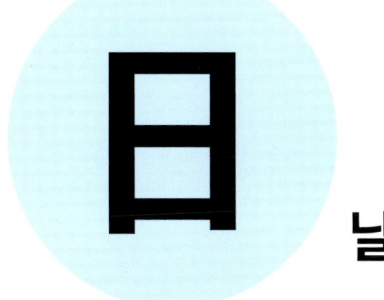 날 일

상형자　부수: 日(날 일)　총획: 4

해의 모습을 그린 것으로, '해'가 원래 뜻이에요.
해가 떠서 지면 하루가 되니까, 여기에서 '날'이라는 뜻이 생겼어요.
가운데 점은 발이 세 개 달린 까마귀인 '삼족오(三足烏)'를 그린 거랍니다.

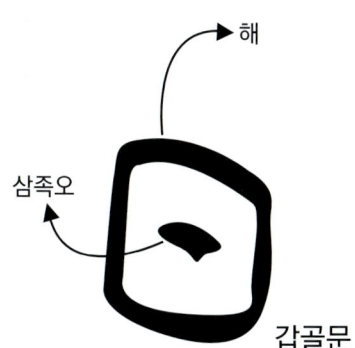

| 활용 | 日出(일출): 해가 돋음, 해돋이 |

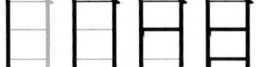

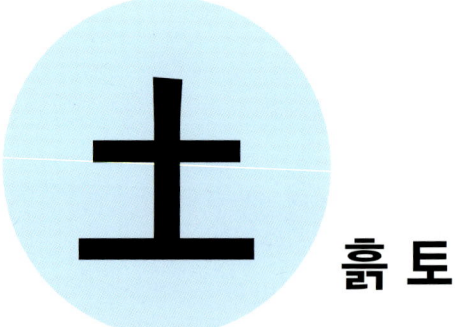 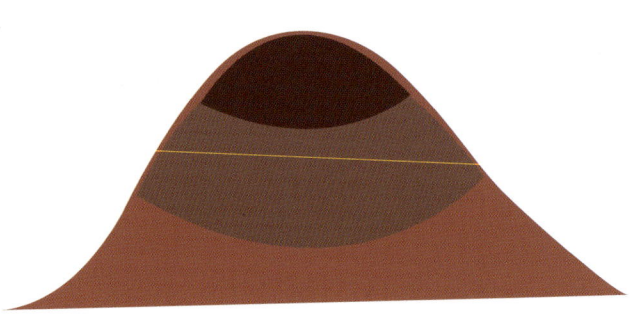

상형자 부수: 土(흙 토) 총획: 3

땅 위에 흙을 세워 놓은 모습이에요.
'흙'을 나타내는 거랍니다.

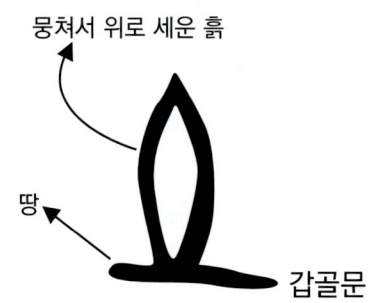

| 활용 | 國土(국토): 나라의 영토 |

韓

나라 이름 한

형성자 부수: 韋(에워쌀 위) 총획: 17

황토로 담을 만들 때, '담 곁에 대는 큰 나무'를 말했어요.
'큰 나무'라는 의미에서 '크다'라는 뜻과
또 그렇게 나무가 크려면 해가 잘 드는 곳이어야 되니까,
'해가 밝게 비치다'는 뜻이 생겼어요.
이후에는 '나라 이름'으로 쓰였어요.
'한국'의 '한'이 이 글자랍니다.

해 / 나무 / 성 / 발
독음부호 설문소전

| 활용 | 韓國(한국): 大韓民國(대한민국)을 줄여서 일컫는 말 |

 불 화

상형자　부수: 火(불 화)　총획: 4

훨훨 타오르는 불꽃을 그린 거예요.
'불'이 뜻이랍니다.

활활 타오르는 불꽃

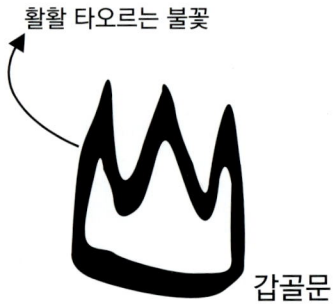

갑골문

| 활용 | 火災(화재): ①불이 나는 재앙 ②불로 인한 재난 |

火 火 火 火

3부 생활

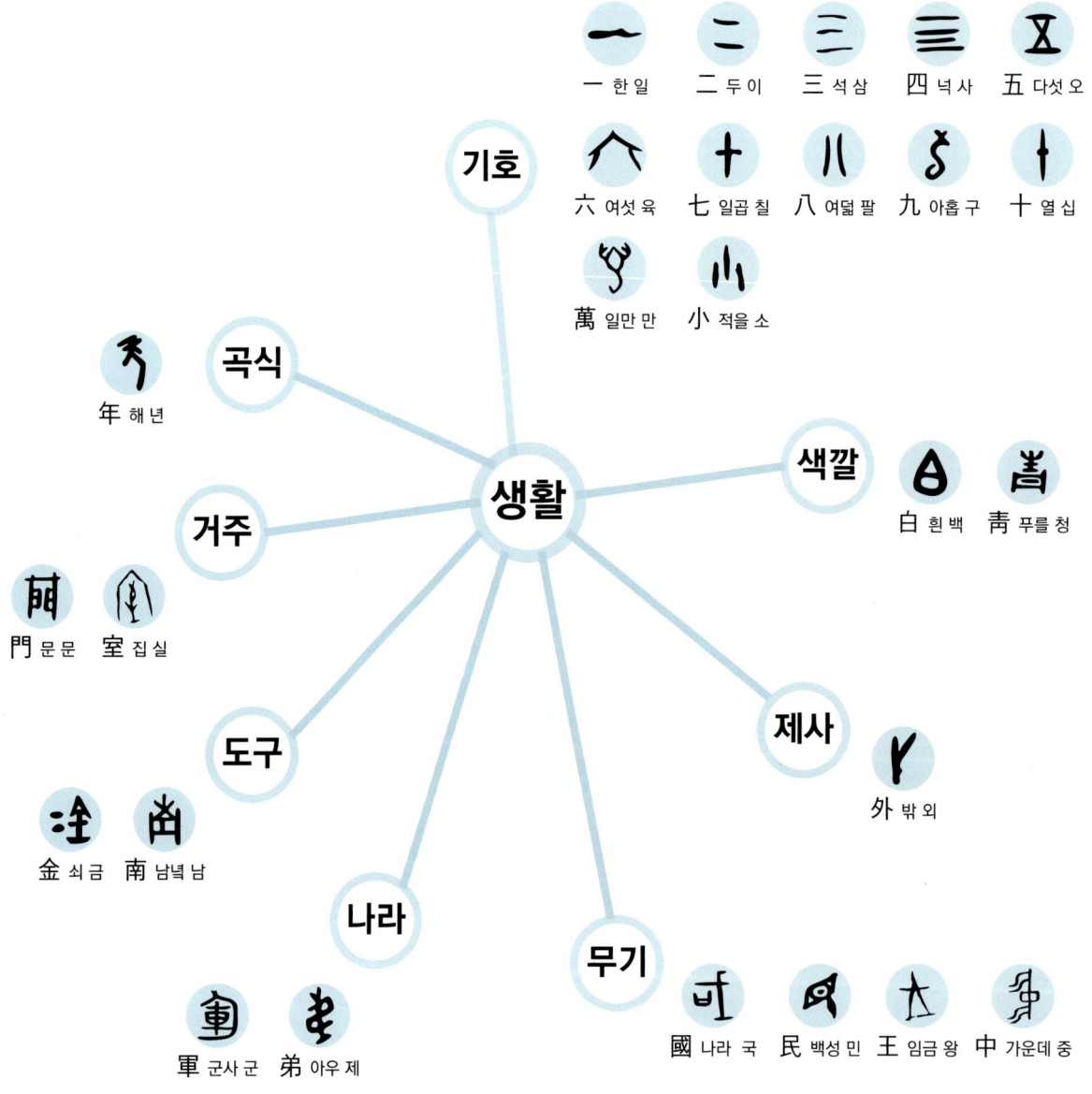

 **아홉 구**

지사자　부수: 乙(새 을)　총획: 2

끝이 굽은 낚시 바늘 같은 모습이에요.
숫자 '9'를 나타낸답니다.

끝이 굽은 낚시 바늘
갑골문

| 활용 | 九山八海(구산팔해): 세계 모든 산과 바다 |

九九

國 나라 국

회의자　부수: 囗(에워쌀 위)　총획: 11

무기를 들고 성을 지키고 있는 모습이에요.
우리도 무기를 들고 우리나라를 지키잖아요.
그래서 '나라'라는 뜻이 생겼어요.

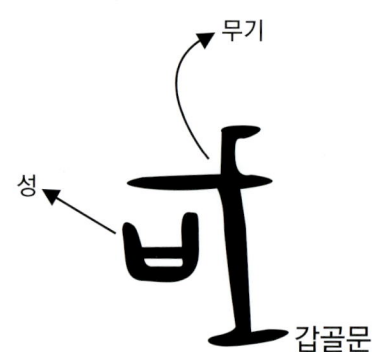

| 활용 | 國交(국교): 나라끼리의 사귐 |

軍
군사 군

회의자　부수: 車(수레 거)　총획: 9

전차가 나란히 있는 모습이에요.
'군사'라는 뜻을 나타낸답니다.

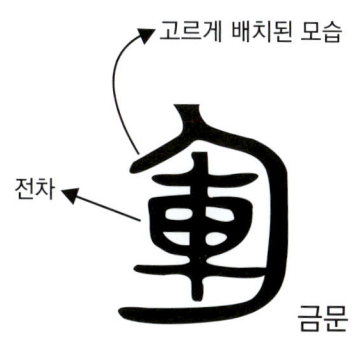

| 활용 | 軍功(군공): 전쟁에서 세운 공적 |

軍軍軍軍軍軍軍軍軍

金

쇠 금 / 성 김

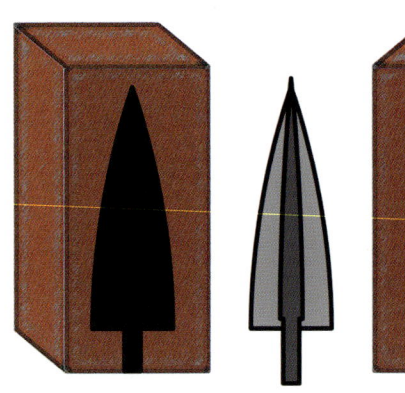

상형자　**부수:** 金(쇠 금)　**총획:** 8

청동기를 만들 때 사용하는 거푸집의 모습이에요.
이 거푸집에다 금속을 넣어, 칼, 방울, 도끼, 거울 등을
만들었어요.
그러다가 이후에 '쇠'나 '성'을 나타내게 되었어요.

| 활용 | 金屬(금속): 금붙이나 쇠붙이 |

金 金 金 金 金 金 金 金

南
남녘 남

상형자 부수: 十(열 십) 총획: 9

어떤 악기를 매달아 놓은 모습이에요.
그런데 이 악기가 남쪽에서 왔다고 해서
'남쪽'이라는 뜻이 생긴 거랍니다.

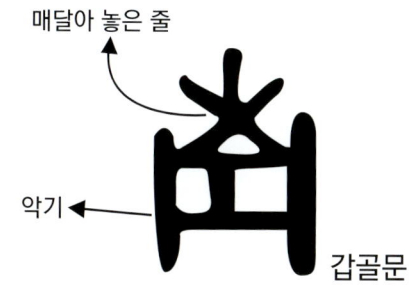

| 활용 | 南北(남북). 남쪽과 북쪽 |

南南南南南南南南南

年

해 년

형성자　부수: 干(방패 간)　총획: 6

사람이 볏단을 지고 가는 모습이에요.
그래서 '벼를 수확하다'가 원래 뜻이에요.
벼를 1년에 한 번 수확했으므로, '1년'이라는 뜻이 생긴 거랍니다.

갑골문

| 활용 | 每年(매년): 매 해 |

年 年 年 年 年 年

萬

일만 만

상형자   부수: 艹(풀 초)   총획: 13

전갈의 모습이에요. 전갈은 떼를 지어 다니거든요.
그래서 '많다'는 뜻이 생겼다가, 이후에 '1만'이라는 뜻이 생겼어요.

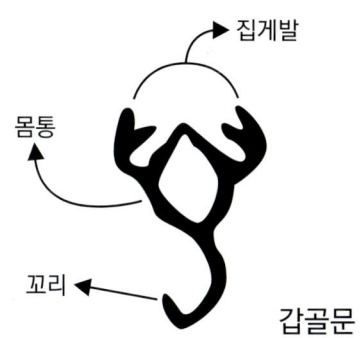
갑골문

| 활용 | 萬事(만사): 온갖 일, 여러 가지 일 |

萬萬萬萬萬萬萬萬萬萬萬萬萬萬

문 문

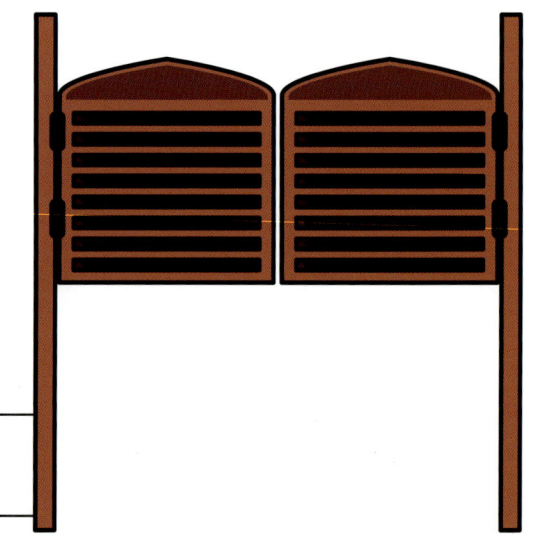

상형자　부수: 門(문 문)　총획: 8

문짝이 두 개인 '문'의 모습이에요.
'문'이 뜻이랍니다.

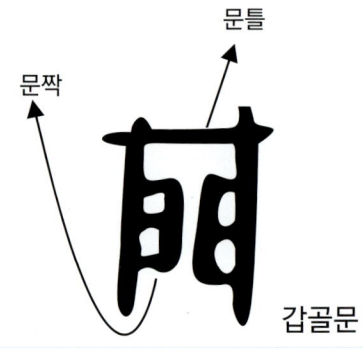

문짝　문틀　갑골문

| 활용 | 門外漢(문외한): 어떤 일에 관계가 없거나 전문적 지식이 없는 사람 |

門 門 門 門 門 門 門 門

民

백성 민

상형자   부수: 氏(성씨 씨)   총획: 5

포로나 노예의 한쪽 눈을 침으로 찔러, 힘을 못쓰게 만드는 모습이에요.
그래서 '노예'가 원래 뜻이랍니다.
그러다가 이후에 '백성'이라는 뜻이 생긴 거예요.

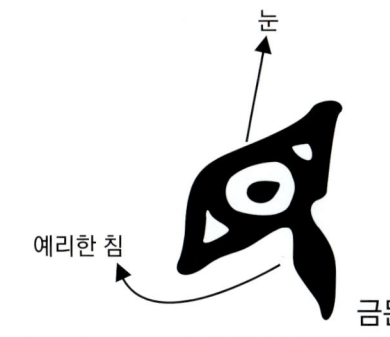

눈
예리한 침
금문

| 활용 | 民家(민가): 일반 국민의 집 |

民 民 民 民 民

 흰 백

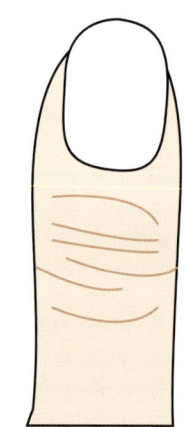

상형자 부수: 白(흰 백) 총획: 5

엄지 손톱의 모습이에요.
손톱은 하얀 색이잖아요.
그래서 이후에 '희다'는 뜻이 생겼어요.

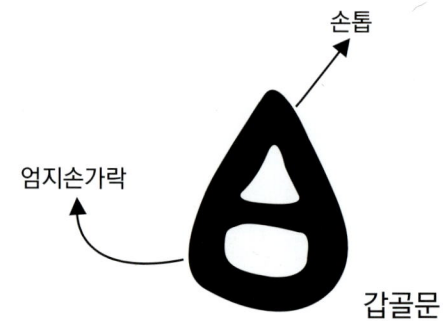

| 활용 | 白夜(백야): 해의 빛살로 밤이 어두워지지 않는 현상 |

넉 사

회의자　부수: 囗(에워쌀 위)　총획: 5

원래는 가로로 4줄을 그린 모습이었어요.
그다가 지금의 모습으로 바뀌었어요.
숫자 '4'를 나타낸답니다.

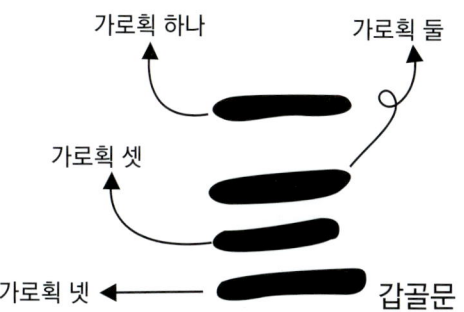

| 활용 | 四方(사방): 방위. 동(東), 서(西), 남(南), 북(北)의 총칭 |

四 四 四 四 四

 석 삼

지사자　부수: 一(한 일)　총획: 3

가로로 3줄을 그린 모습이에요.
숫자 '3'을 나타낸답니다.

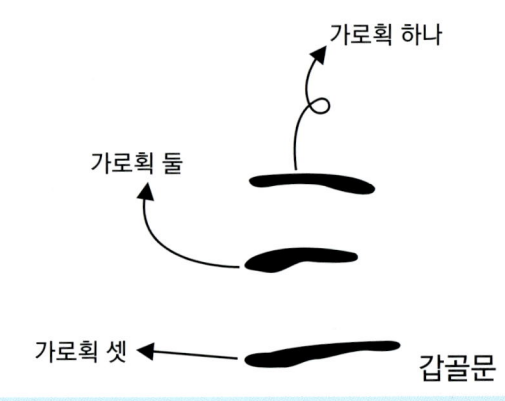

| 활용 | 三足烏(삼족오): 중국 고대 신화에 나오는, 해 속에 산다는 세 발 가진 까마귀 |

 작을 소

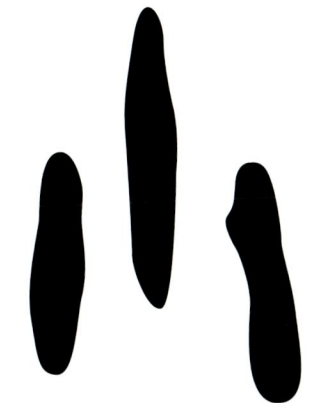

상형자　부수: 小(작을 소)　총획: 3

3개의 작은 점을 그린 거예요.
여기에서 '작다'는 뜻이 생겼어요.
그런데, 小(작을 소)에다 한 점을 더하면 少(적을 소)가 되니까,
'작다'와 '적다'를 잘 구분하세요.

작은 모래알

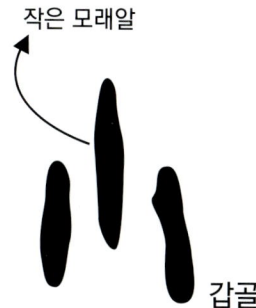

갑골문

| 활용 | 最小(최소): 가장 작음 |

小 小 小

 집 실

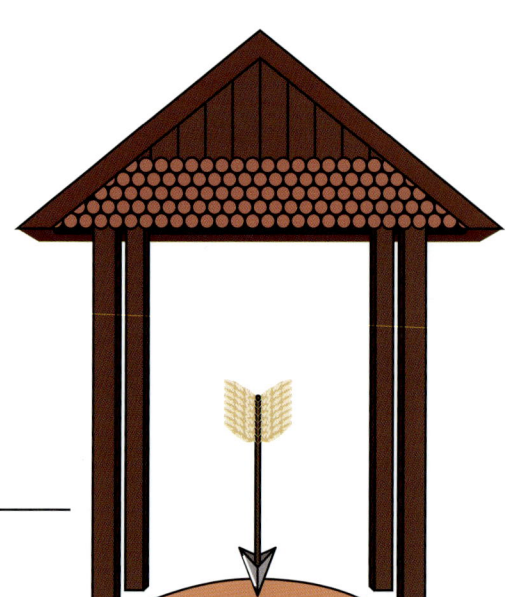

회의자 부수: 宀(집 면) 총획: 9

화살이 집 안에 있는 모습이에요.
至(이를 지)는 원래 '화살'을 나타내는 단어이고,
'도착하다'는 뜻을 가지고 있어요.
그래서 사람들이 도착해서 쉬는 곳을 나타냈어요.
'집'이나 '방'을 뜻한답니다.

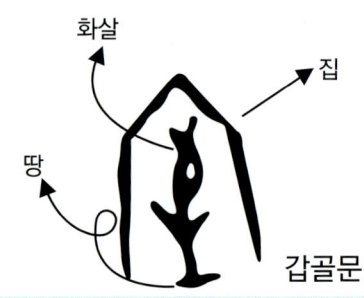

| 활용 | 室內(실내): 방 안 |

室室室室室室室室室

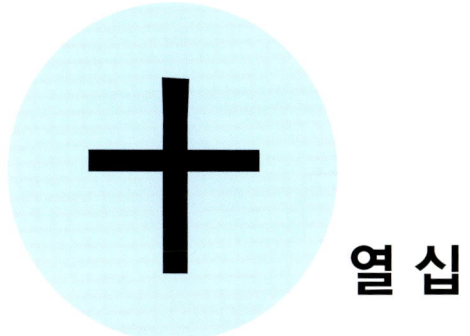 열 십

지사자   부수: 十(열 십)   총획: 2

원래는 세로로 그은 선과 같은 모습이거나,
실 가운데에 매듭이 지어져 있는 모습이에요.
숫자 '10'을 나타낸답니다.

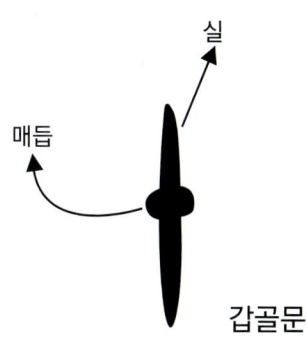

갑골문

활용   十分(십분): 충분히, 넉넉히, 부족함 없이

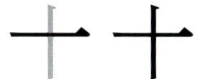

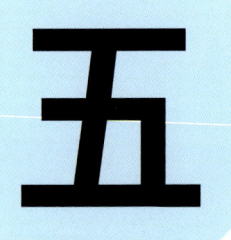 다섯 오

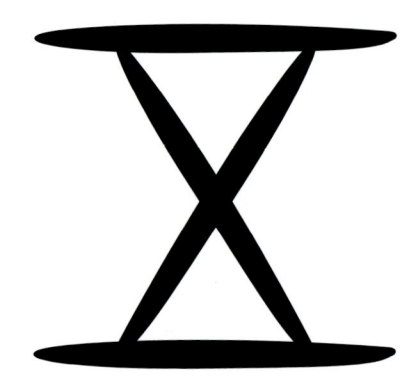

지사자 부수: 二(두 이) 총획: 4

원래는 가로로 5줄로 그려져 있거나 X자 모양으로 그려져 있었어요. 그러다가 지금의 모습으로 바뀌었어요.
숫자 '5'를 나타내요.

두 획이 서로 교차된 X자 모양

갑골문

| 활용 | 五月(오월): 한 해 가운데 다섯째 달 |

五 五 五 五

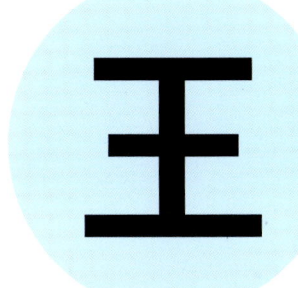

王 임금 왕

상형자　부수: 玉(옥 **옥**)　총획: 4

모자의 모습을 그린 거예요. 혹은 도끼를 그렸다고도 해요.
옛날에 모자나 도끼는 권위나 힘을 나타내었기 때문에,
'왕'이라는 뜻이 생긴 거랍니다.

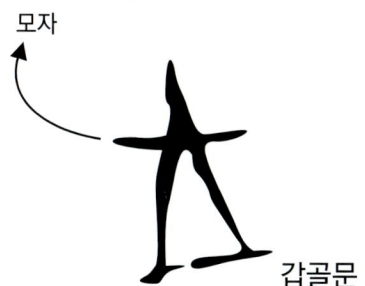

| 활용 | 土族(왕족): 임금의 일가 |

外

밖 외

회의자　부수: 夕(저녁 석)　총획: 5

옛날에는 지금처럼 불이 없었기 때문에, 밤에 밖에 나가려면 위험했답니다.
그래서 밤에 밖에 나갈 때 나가도 되는지 점을 쳤어요.
여기에서 '밖'이라는 뜻이 생겼어요.

거북이 등딱지를 불로 지져 갈라진 모양.
복(卜)자인데, 夘자로 대체됨.

갑골문

| 활용 | 外交(외교): 나라의 대외 정책을 실현하고, 나라 사이에 생기는 일을 처리하기 위하여 다른 나라와 하는 교제 |

外 外 外 外 外

여섯 륙

지사자　부수: 八(여덟 팔)　총획: 4

원래는 건축물과 같은 모습을 그린 거였어요.
숫자 '6'을 나타낸답니다.

건축물

갑골문

| 활용 | 六言(육언): 한시에서, 여섯 자로서 한 구를 이루는 형식 |

二 두 이

지사자　부수: 二(두 이)　총획: 2

가로로 2줄을 그린 모습이에요.
숫자 '2'를 나타내요.

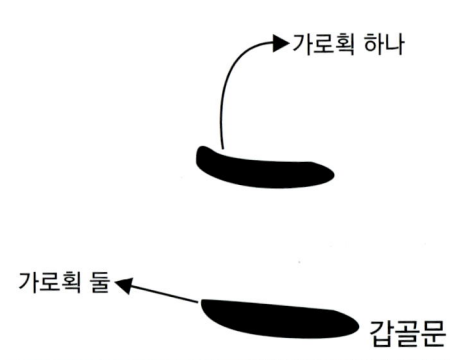

가로획 하나
가로획 둘
갑골문

| 활용 | 一石二鳥(일석이조): 한 개의 돌을 던져 두 마리의 새를 맞추어 떨어뜨린다는 뜻으로, 한 가지 일을 해서 두 가지 이익을 얻음을 이르는 말 |

 한 일

지사자 부수: 一(한 일) 총획: 1

가로로 1줄을 그린 모습이에요.
숫자 '1'을 나타내요.

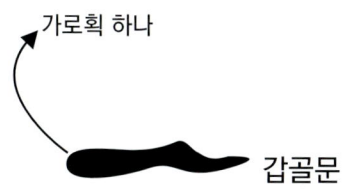
가로획 하나
갑골문

| 활용 | 一定(일정): 하나로 고정되어 움직이지 않는 것 |

弟 아우 제

회의자　부수: 弓(활 궁)　총획: 7

활과 같은 것을 끈으로 묶은 모습이에요.
활을 끈으로 묶을 때에는 순서가 필요하거든요.
여기에서 '차례'와 '순서'라는 뜻이 생겼어요.
또 '동생'이라는 뜻도 나왔어요.
왜 그럴까요? 순서가 앞인 것은 형이고, 뒤인 것은 동생이기 때문이에요.

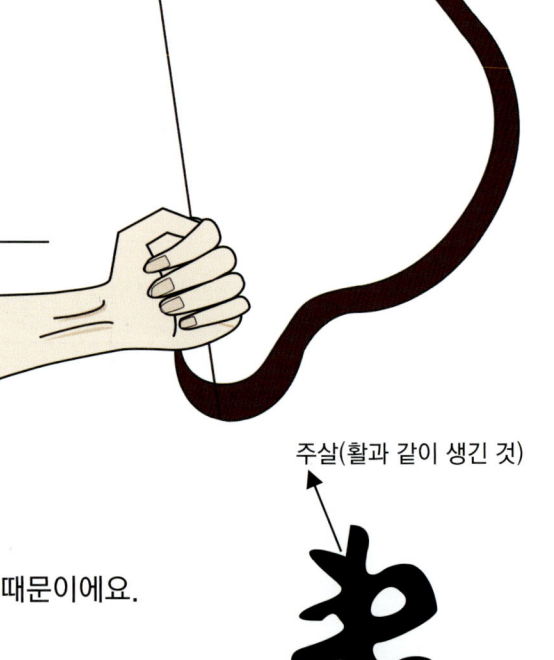

주살(활과 같이 생긴 것)
끈
갑골문

| 활용 | 子弟(자제): ①남의 아들의 높임말 ②남의 집안의 젊은 사람을 일컫는 말 |

弟 弟 弟 弟 弟 弟 弟 弟

가운데 중

상형자　부수: ｜(뚫을 곤)　총획: 4

바람에 날리는 깃발의 모습이에요.
땅에 깃발을 꽂아 놓고 있으면, 그 아래로 사람들이 모이게 되잖아요.
그러다 보니, 깃발을 꽂은 곳이 '가운데'가 되어요.
그래서 '가운데'라는 뜻이 생긴 거랍니다.

깃발

갑골문

| 활용 | 中立(중립): 어느 쪽에도 치우지지 않고 공정함 |

푸를 청

회의자　부수: 靑(푸를 청)　총획: 8

원래 모습은 위에 싹이 흙을 비집고 올라오고 있고,
아래에는 우물 같은 곳에서 푸른 색 염료가 들어있는 모습이었어요.
푸른색 염료 때문인지, 여기에서 '푸른색'이라는 뜻이 생겼어요.

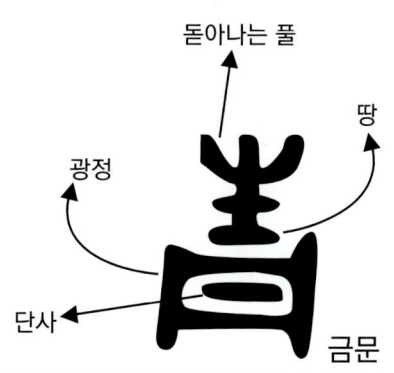

| 활용 | 靑山(청산): 나무가 무성하여 푸른 산 |

靑 靑 靑 靑 靑 靑 靑 靑

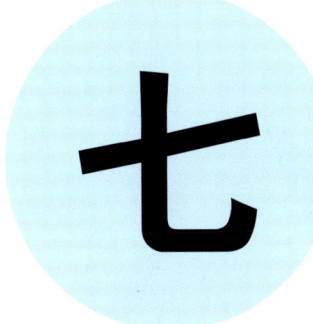

일곱 칠

지사자 부수: 一(한 일) 총획: 2

칼집을 낸 십자 모양을 그린 거였어요.
十(열 십)자와 비슷하여 지금의 모습으로 바뀐 거예요.
숫자 '7'을 나타낸답니다.

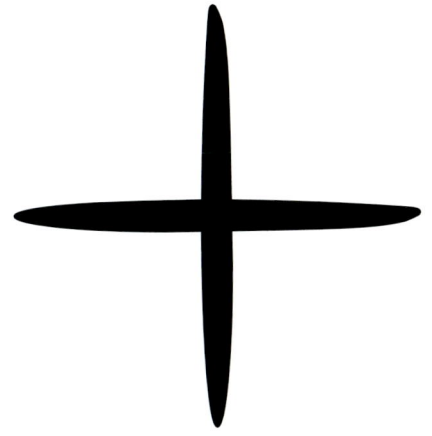

칼집을 낸 모습

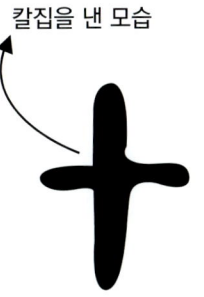

갑골문

활용 七夕(칠석): 음력 7월 7일의 명절. 이 날 밤에 견우성과 직녀성이 오작교를 건너서 만난다고 함

 **여덟 팔**

지사자　부수: 八(여덟 팔) 총획: 2

어떤 물체가 두 쪽으로 나누어진 모습이에요.
숫자 '8'을 나타낸답니다.

두 쪽으로 나누어진 모양

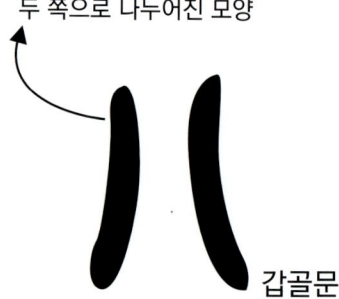

갑골문

| 활용 | 八萬長安(팔만장안): 사람이 많이 사는 곳이란 뜻으로 '서울'을 일컫는 말 |

부록

教	教	教		
가르칠 교				

𫝀	𫝀	𫝀		
가르칠 교 갑골문				

校	校	校		
학교 교				

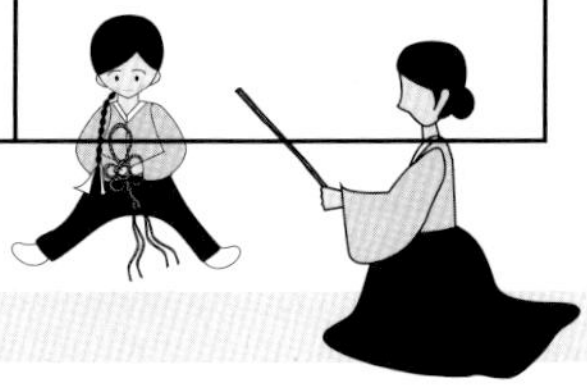

校	校	校		
학교 교 소전				

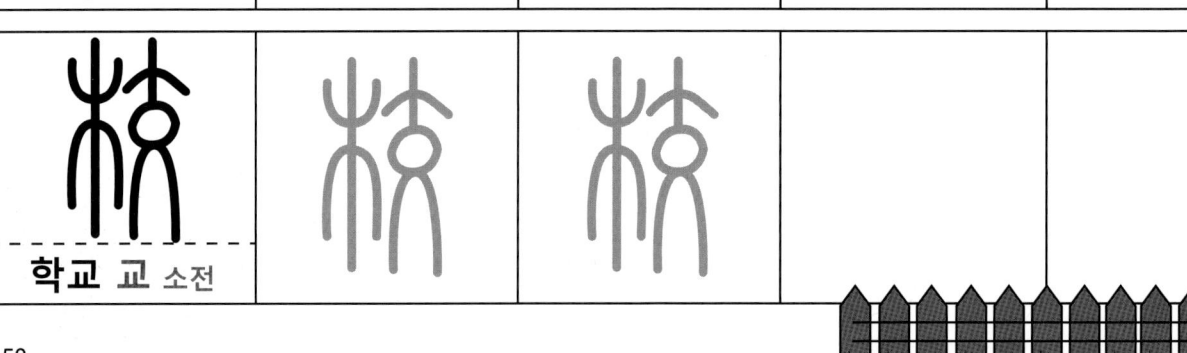

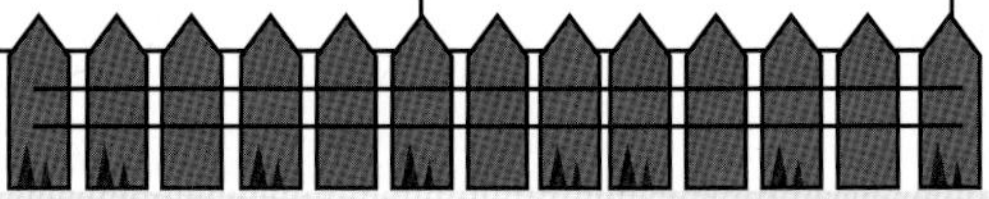

九 아홉 구	九	九		

 아홉 구 갑골문				

國 나라 국	國	國		

 나라 국 갑골문				

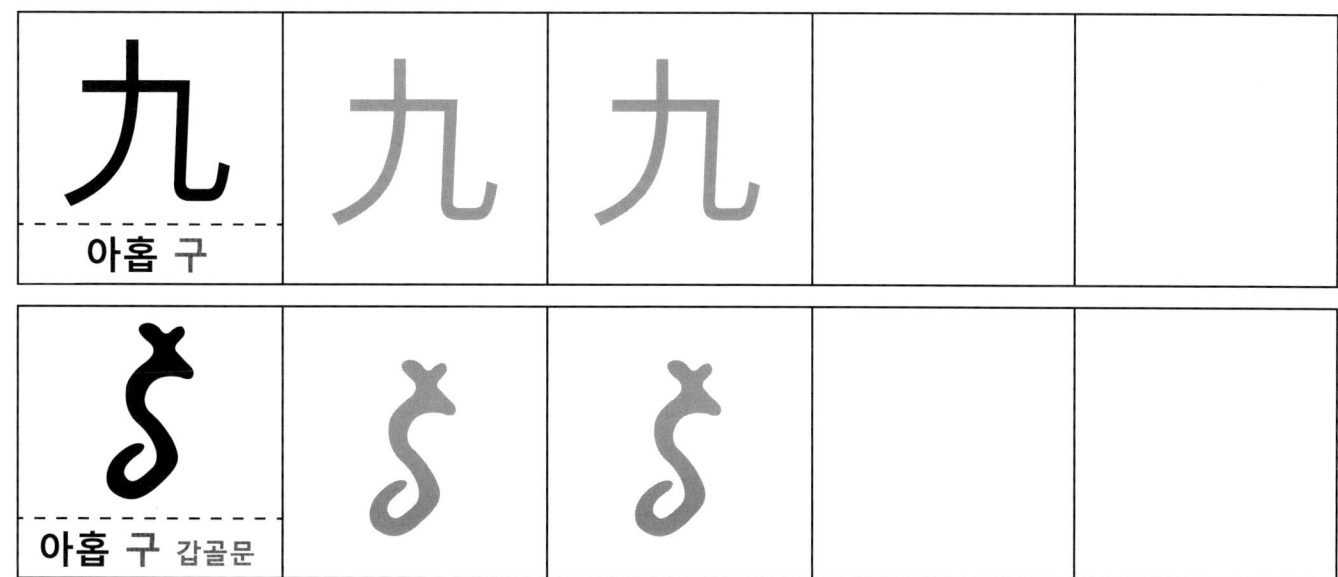

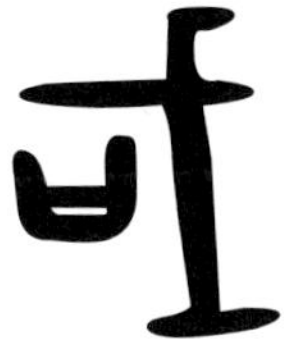

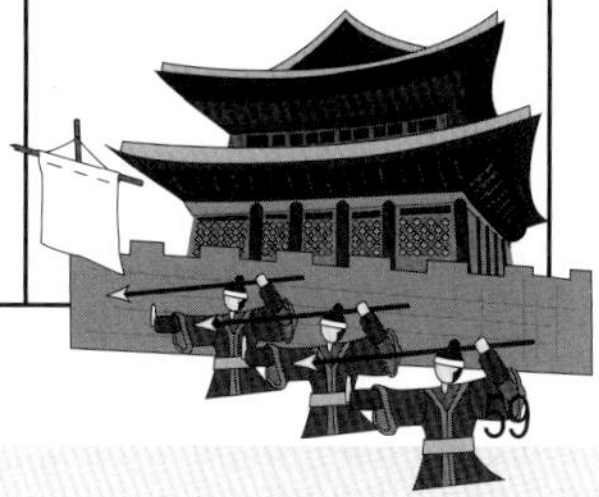

軍	軍	軍		
군사 군				
軍	軍	軍		
 군사 군 금문				

金	金	金		
쇠 금				
金	金	金		
쇠 금 금문				

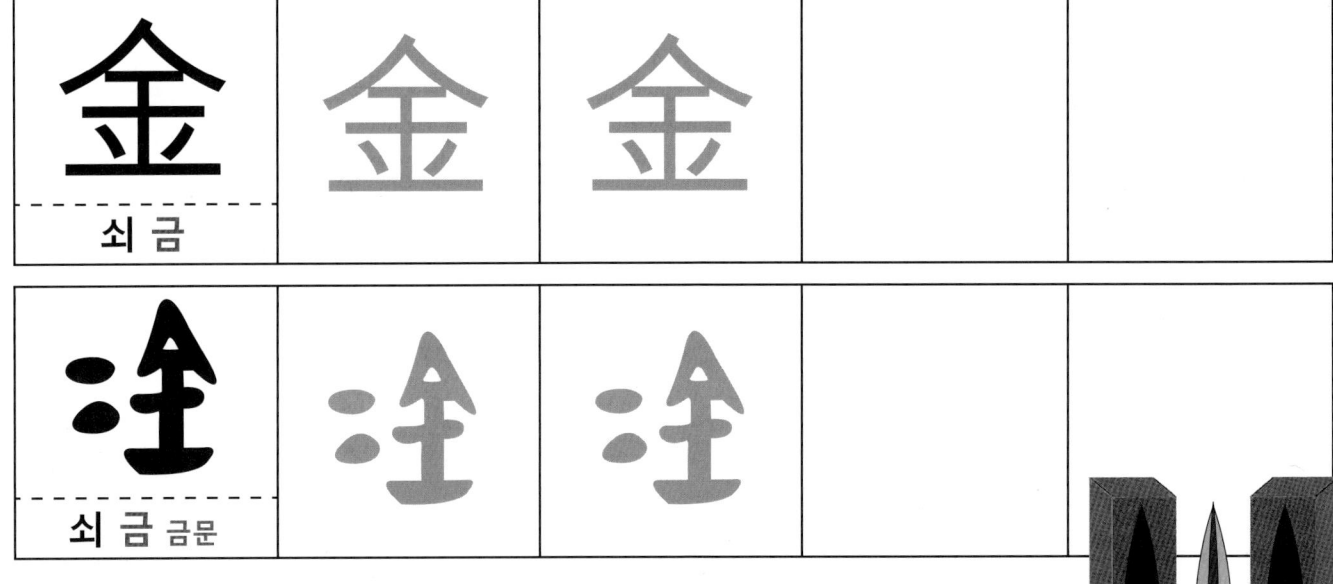

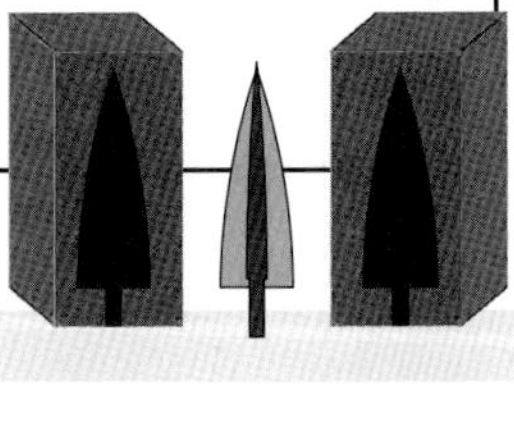

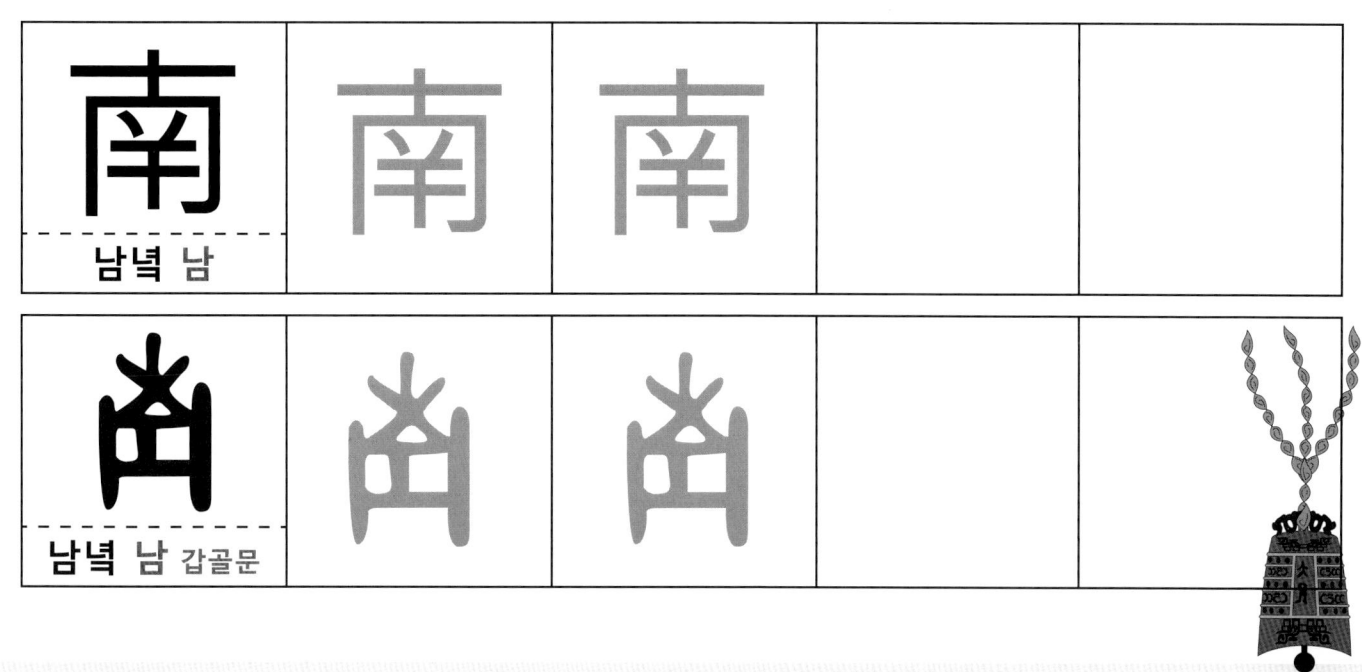

年	年	年		
해 년				

𠂤	𠂤	𠂤		
해 년 갑골문				

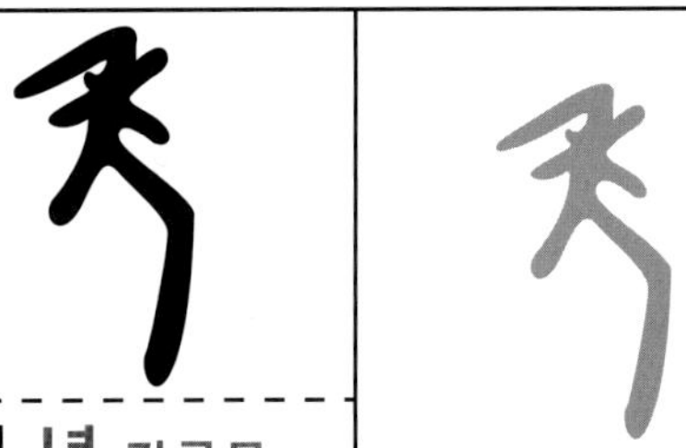

大	大	大		
큰 대				

大	大	大		
큰 대 갑골문				

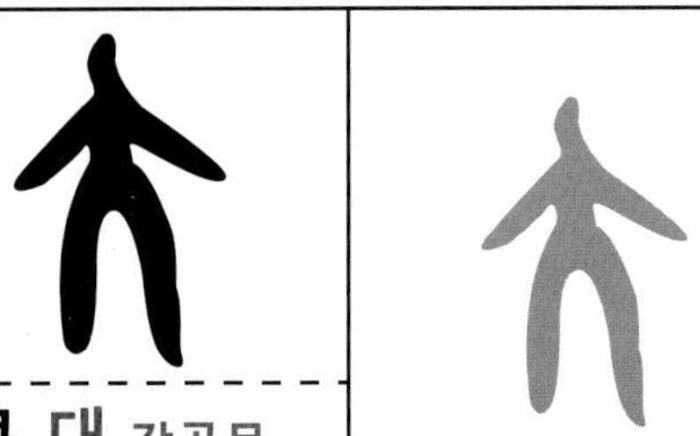

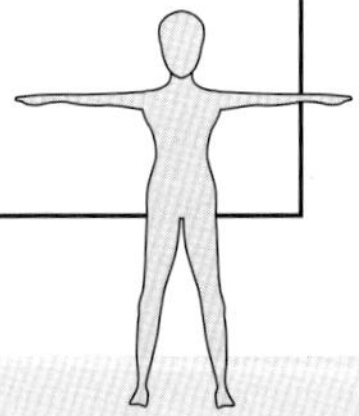

東	東	東		
동녘 동				

 **동녘 동** 갑골문				

萬	萬	萬		
일만 만				

일만 만 갑골문				

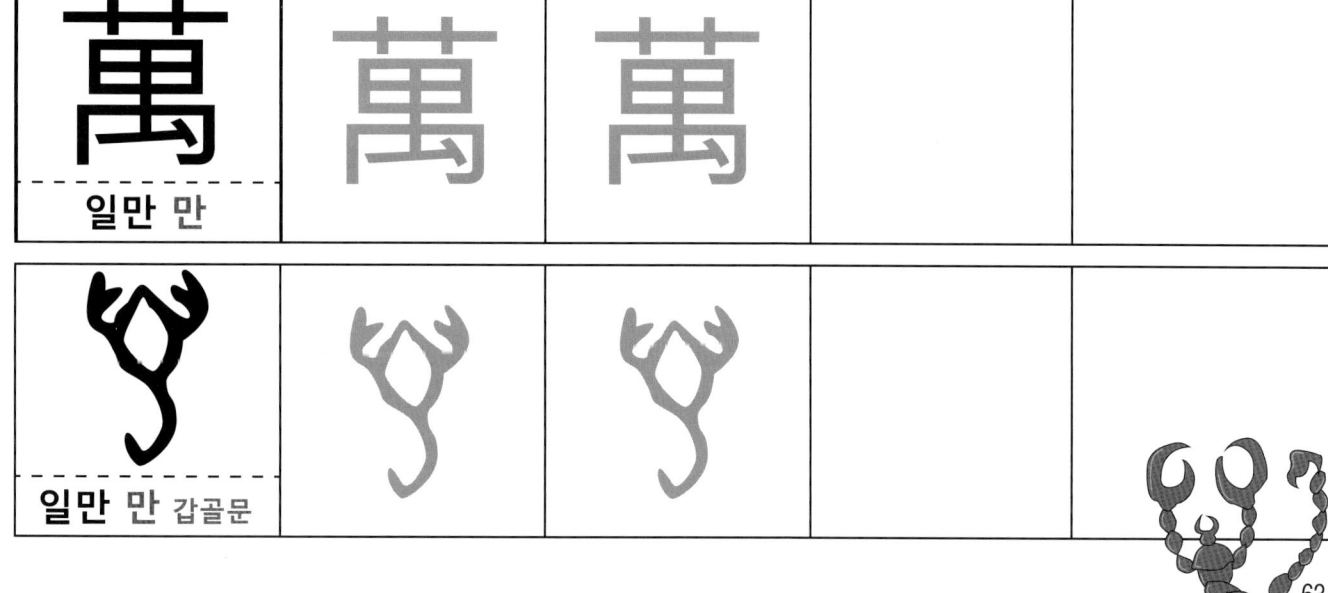

母	母	母		
어미 모				

어미 모 갑골문				

木	木	木		
나무 목				

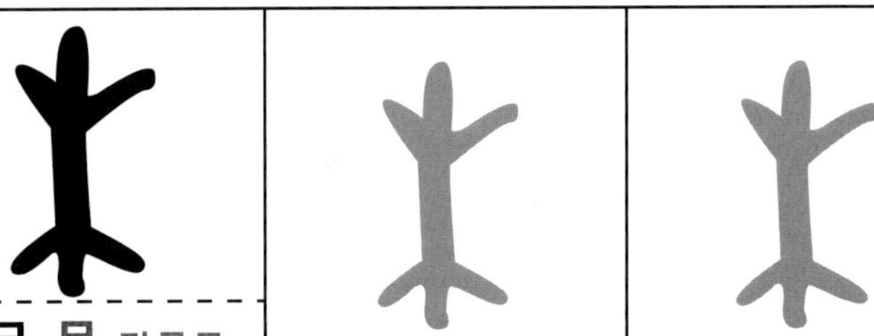

나무 목 갑골문				

門	門	門		
문 문				

丽	丽	丽		
 문 문 갑골문				

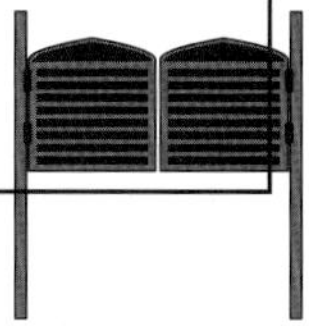

民	民	民		
백성 민				

𢆶	𢆶	𢆶		
백성 민 금문				

白	白	白		
흰 백				

🌢	🌢	🌢		
 흰 백 갑골문				

父	父	父		
아비 부				

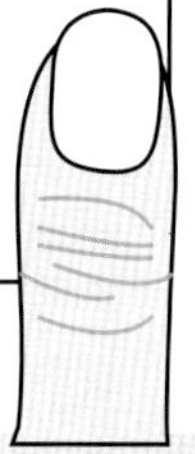

父	父	父		
 아비 부 갑골문				

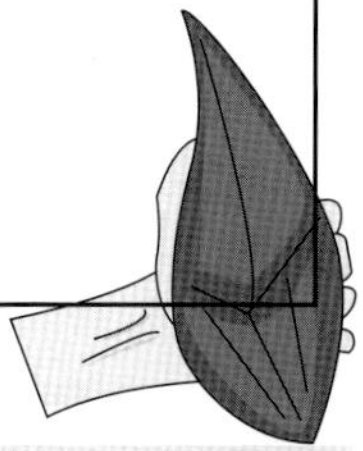

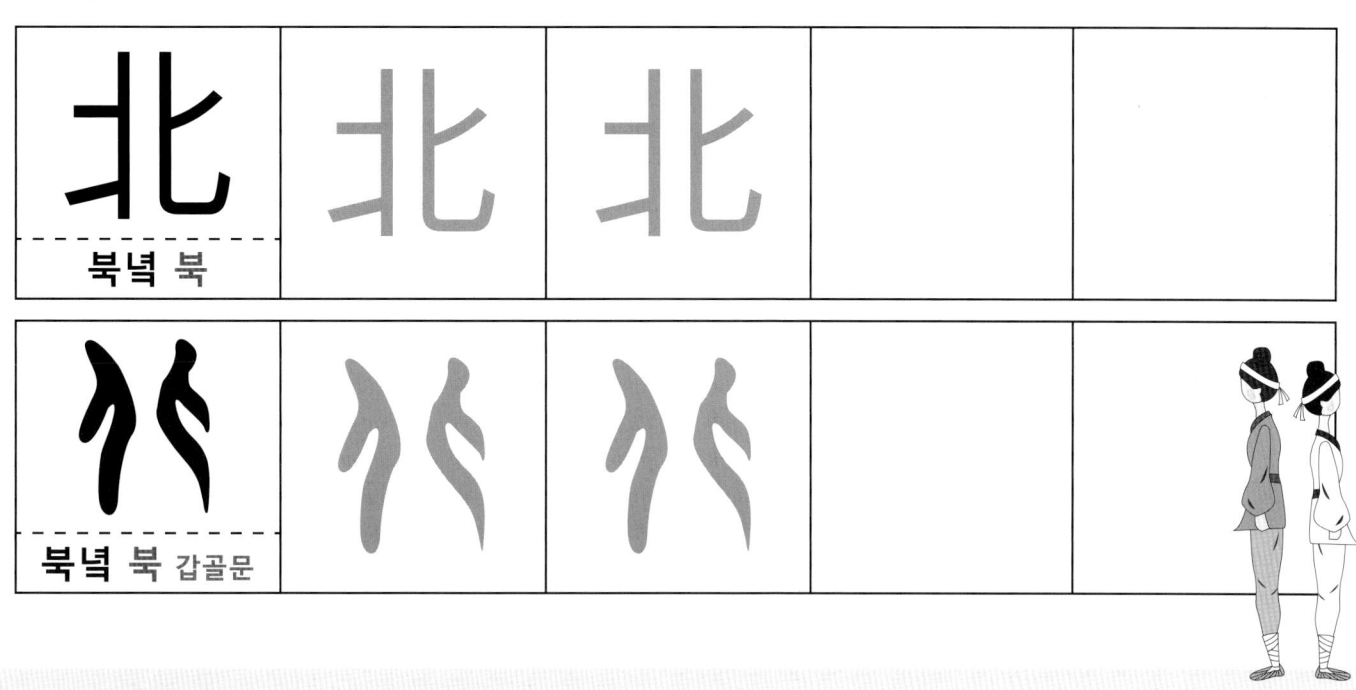

북녘 북

북녘 북 갑골문

넉 사

넉 사 갑골문

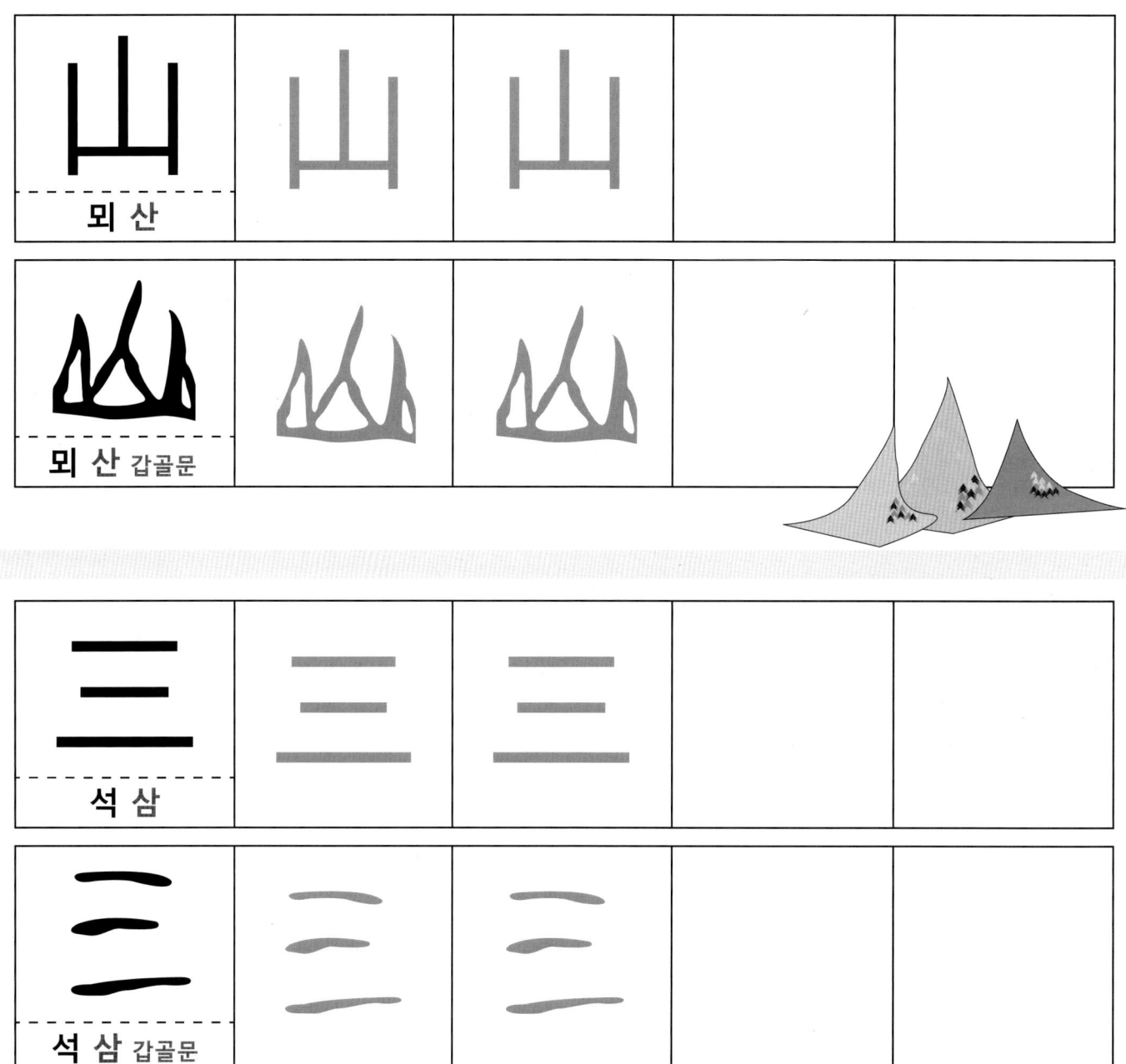

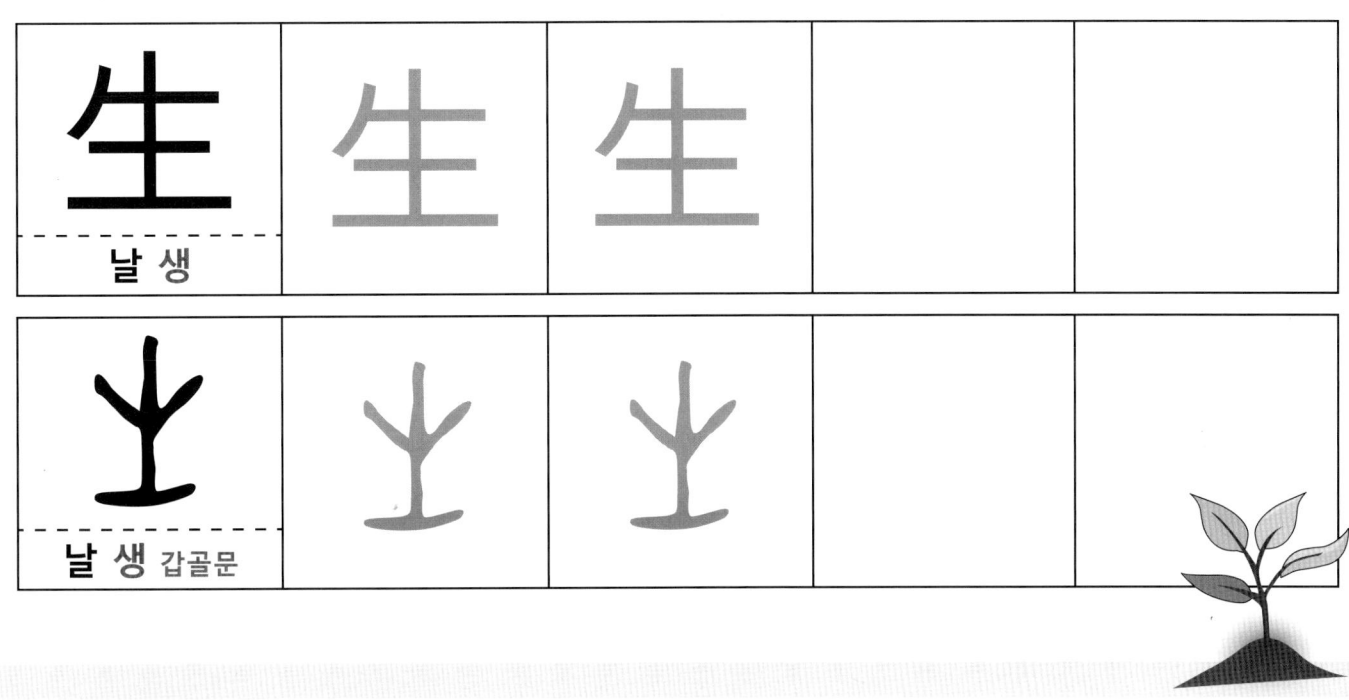

先	先	先		
먼저 선				

 **먼저 선** 갑골문				

小	小	小		
작을 소				

작을 소 갑골문				

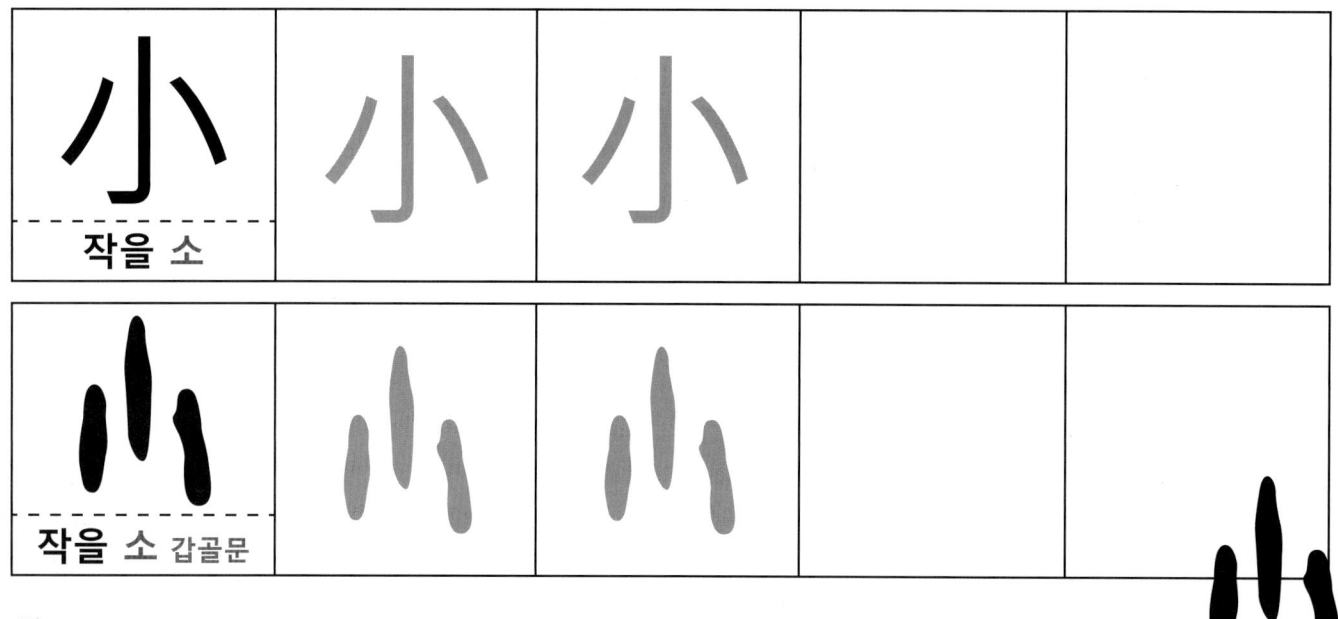

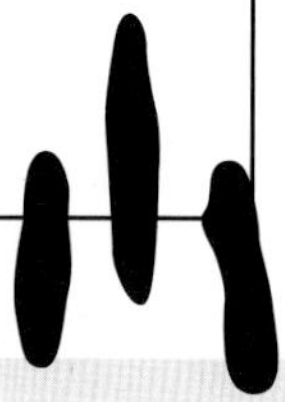

水 물 수	水	水		
 〢 물 수 갑골문	 〢	 〢		

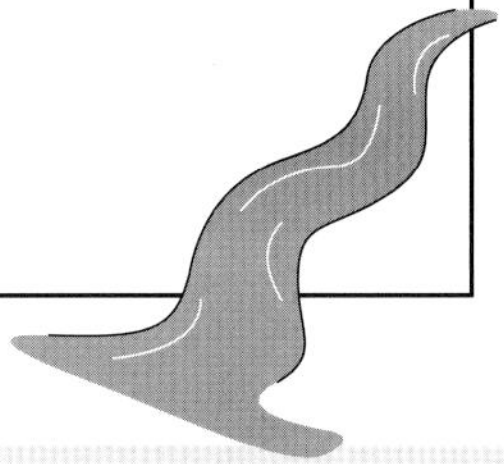

室 집 실	室	室		
집 실 갑골문				

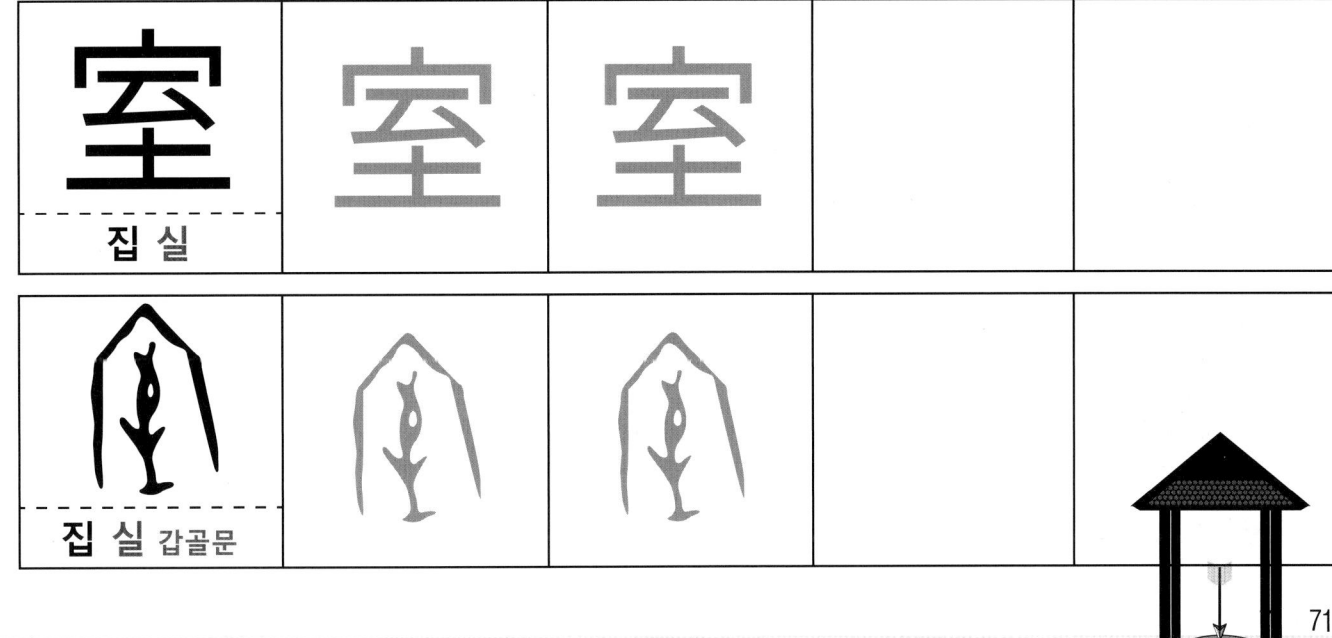

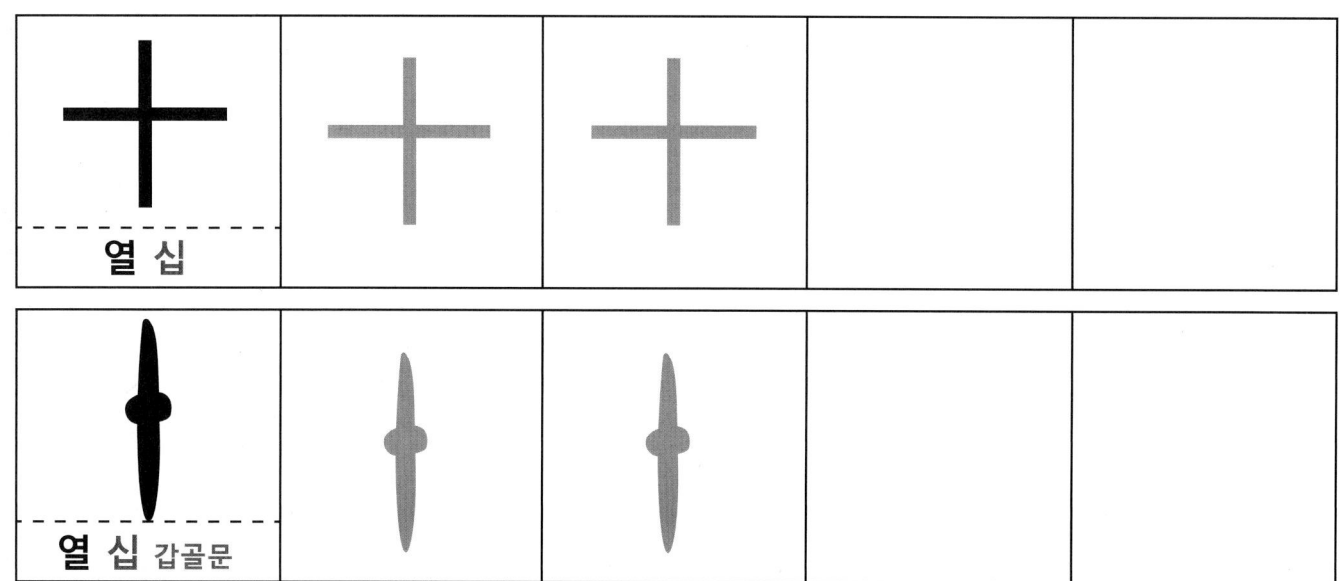

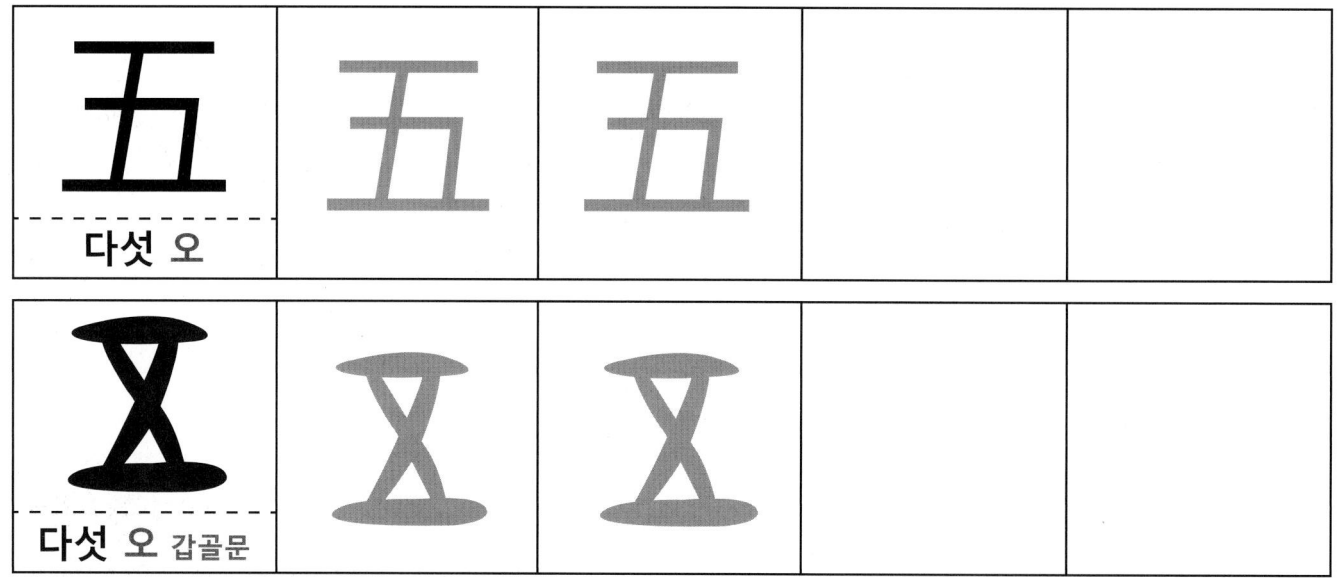

王	王	王		
임금 왕				

大	大	大		
 **임금 왕** 갑골문				

外	外	外		
밖 외				

ㅏ	ㅏ	ㅏ		
 **밖 외** 갑골문				

月	月	月		
달 월				

⽉	⽉	⽉		
달 월 갑골문				

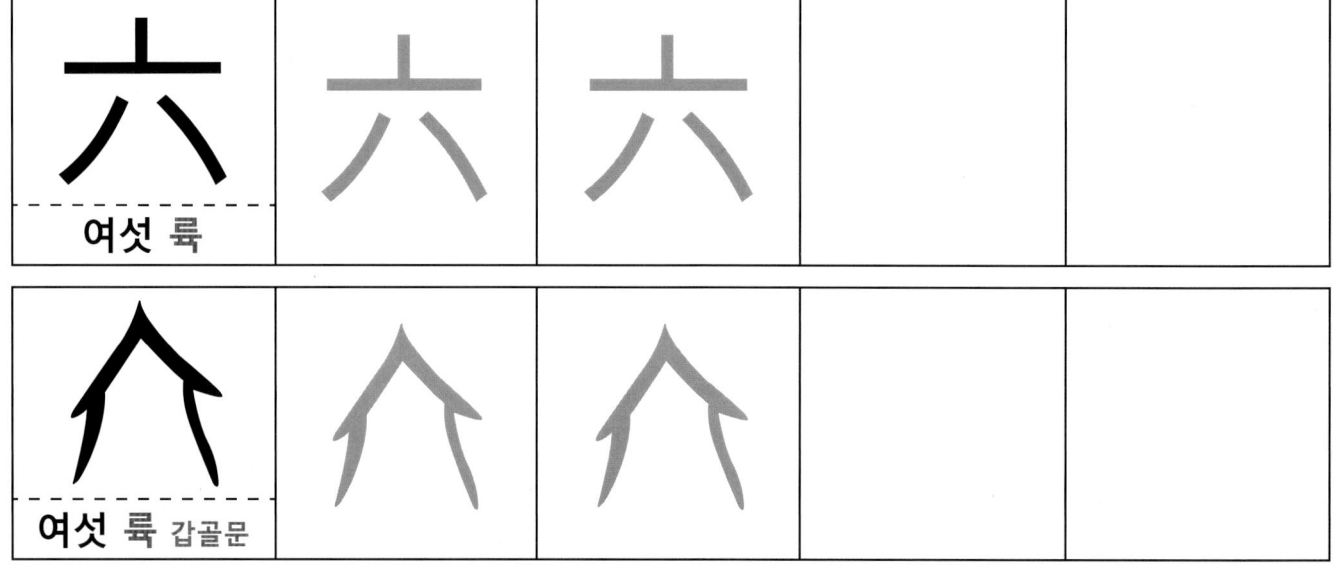

六	六	六		
여섯 륙				

亽	亽	亽		
여섯 륙 갑골문				

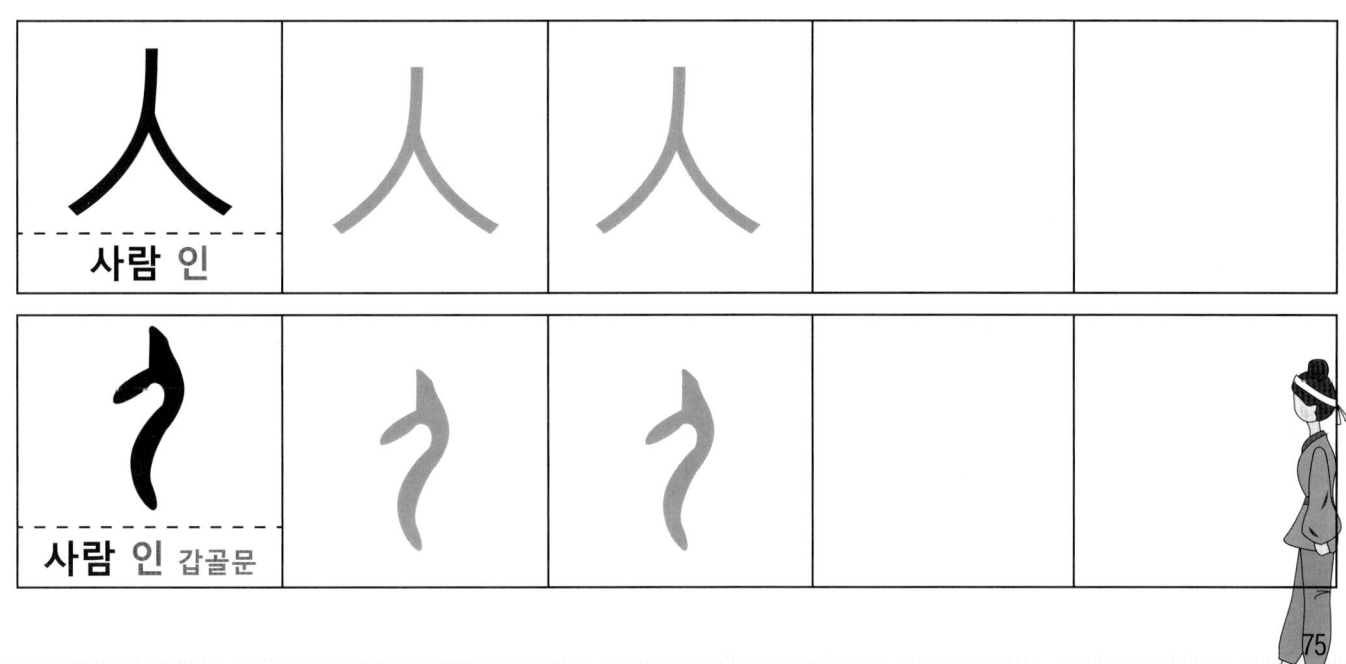

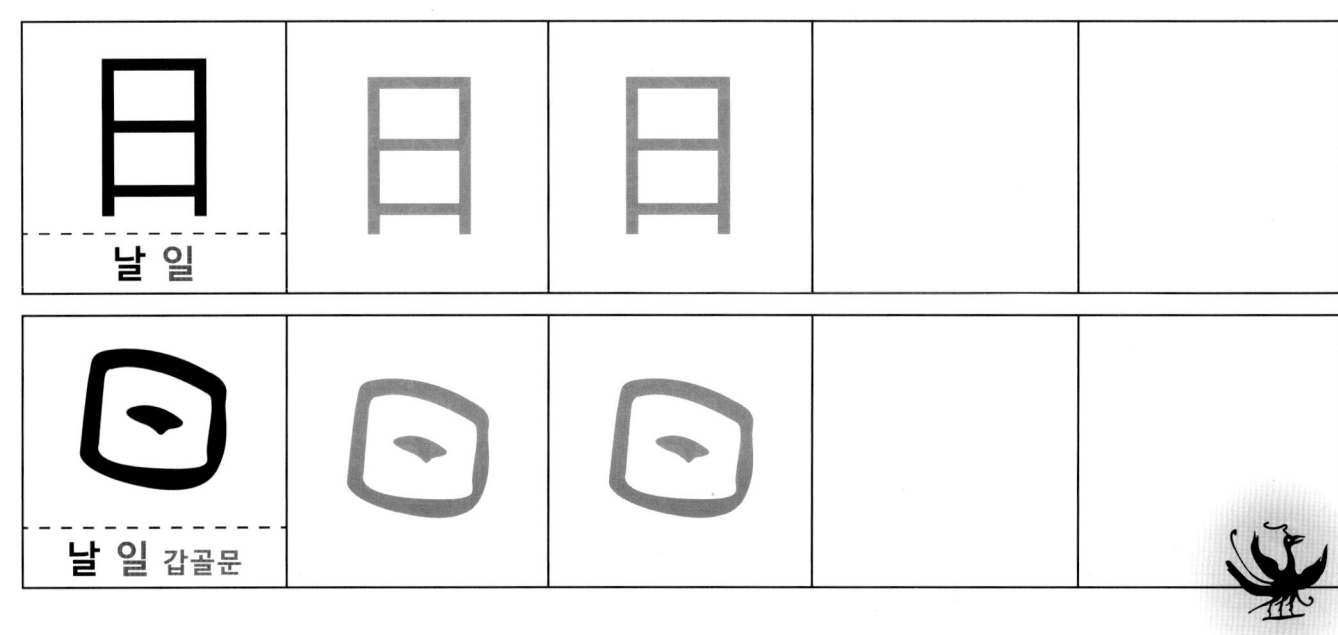

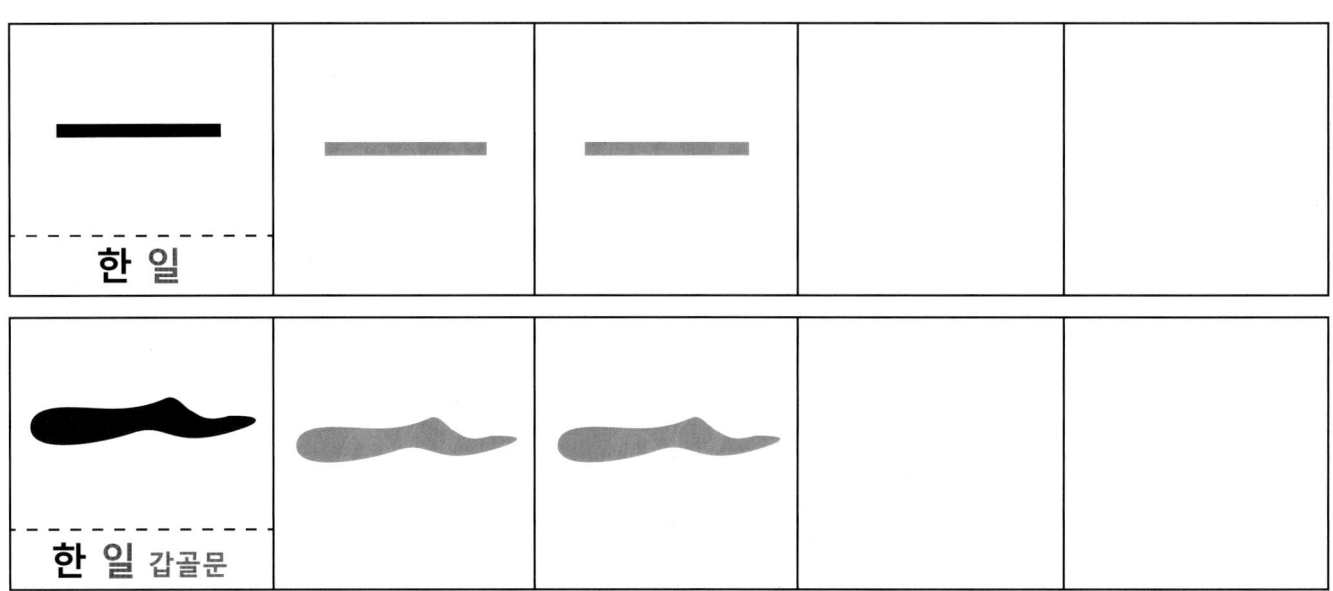

長 길 장	長	長		
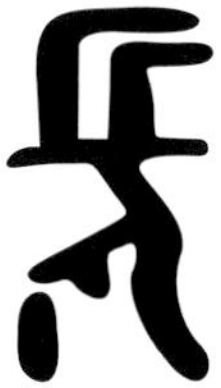 길 장 갑골문				

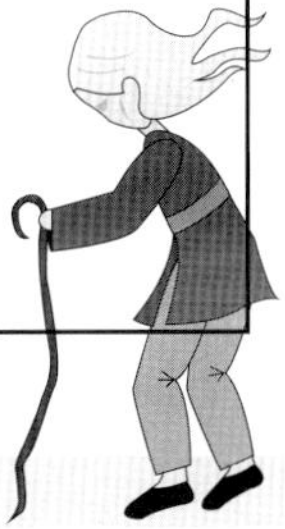

弟 아우 제	弟	弟		
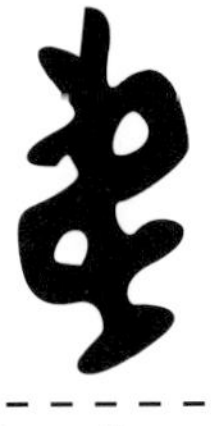 아우 제 갑골문				

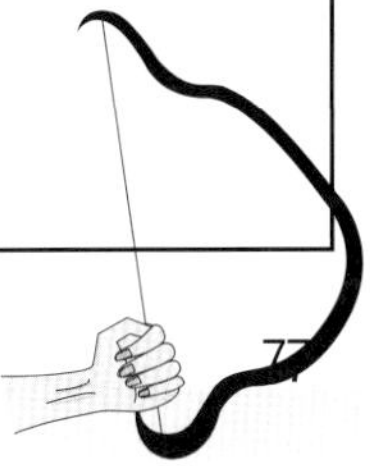

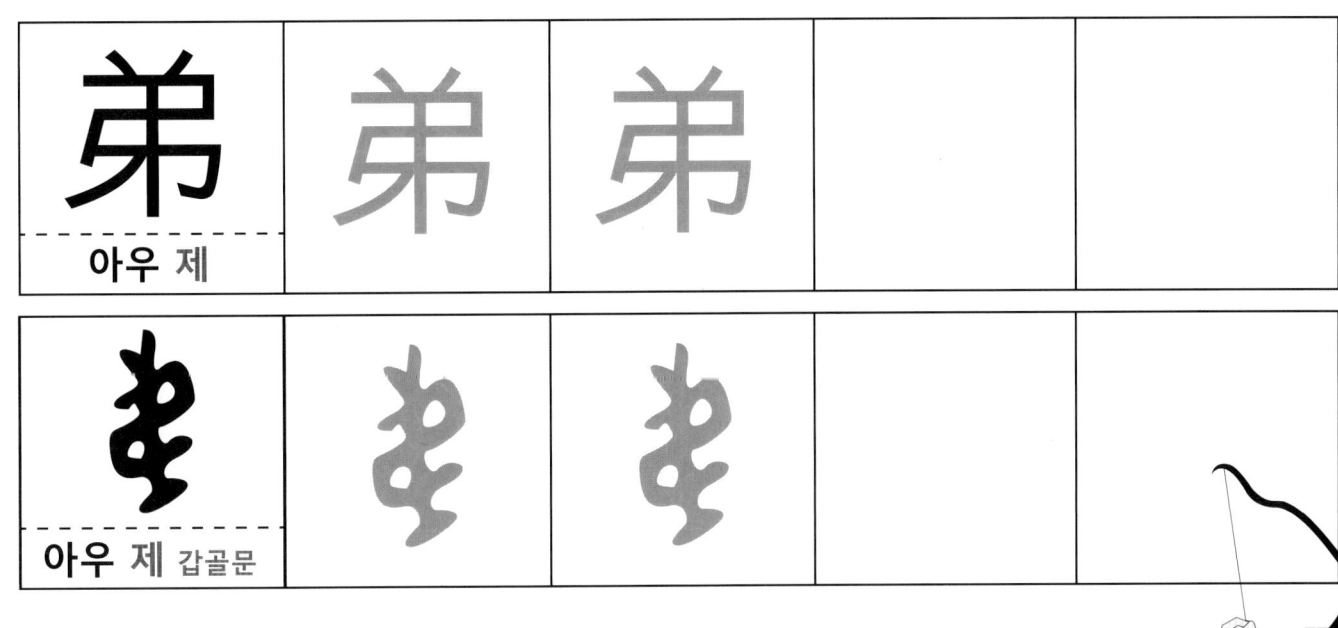

中	中	中		
가운데 중				

 가운데 중 갑골문				

靑	靑	靑		
푸를 청				

푸를 청 금문				

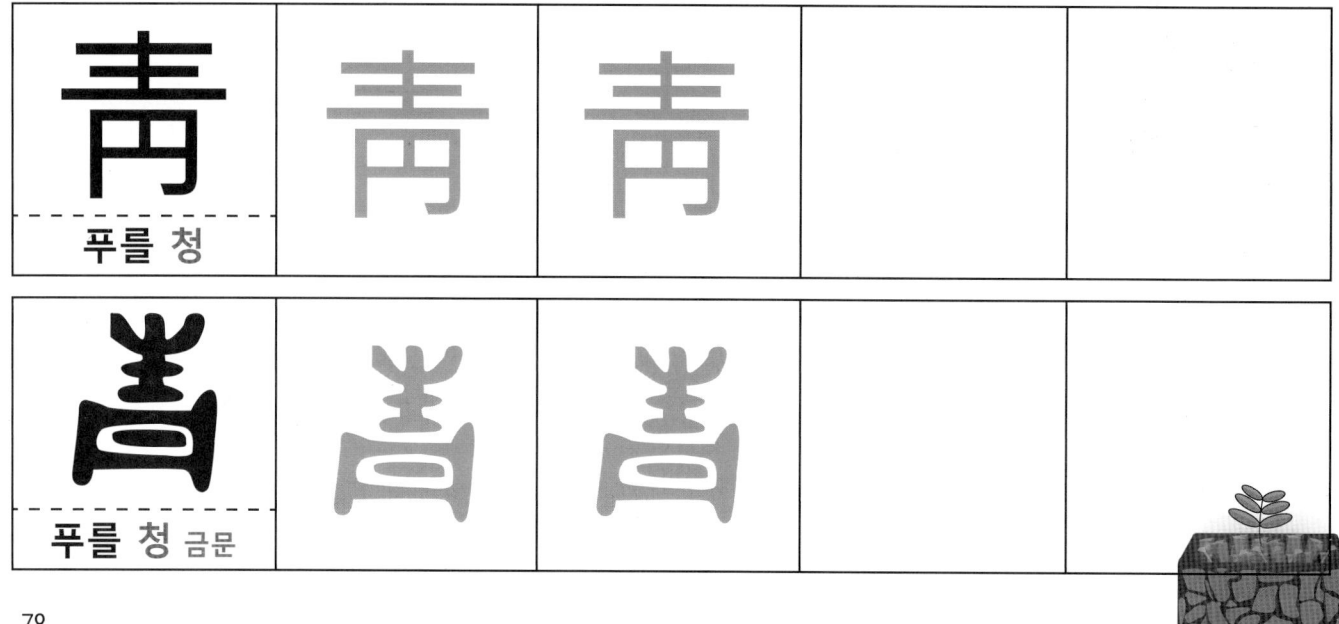

寸	寸	寸		
마디 촌				

∃	∃	∃		
 마디 촌 소전				

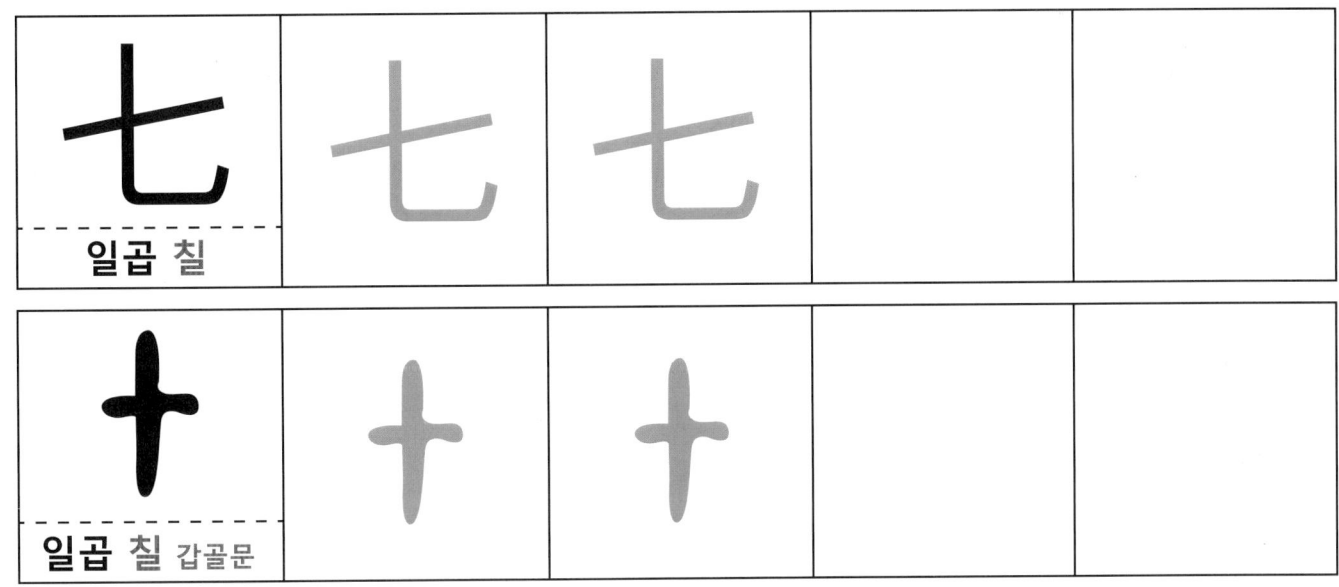

七	七	七		
일곱 칠				

十	十	十		
일곱 칠 갑골문				

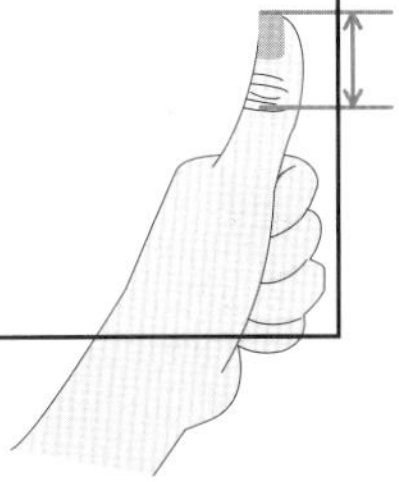

土
흙 토

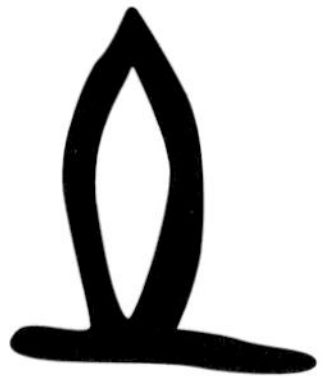

흙 토 갑골문

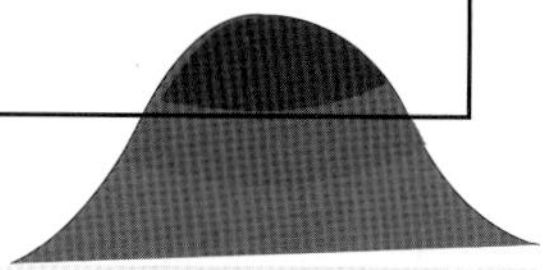

八
여덟 팔

여덟 팔 갑골문

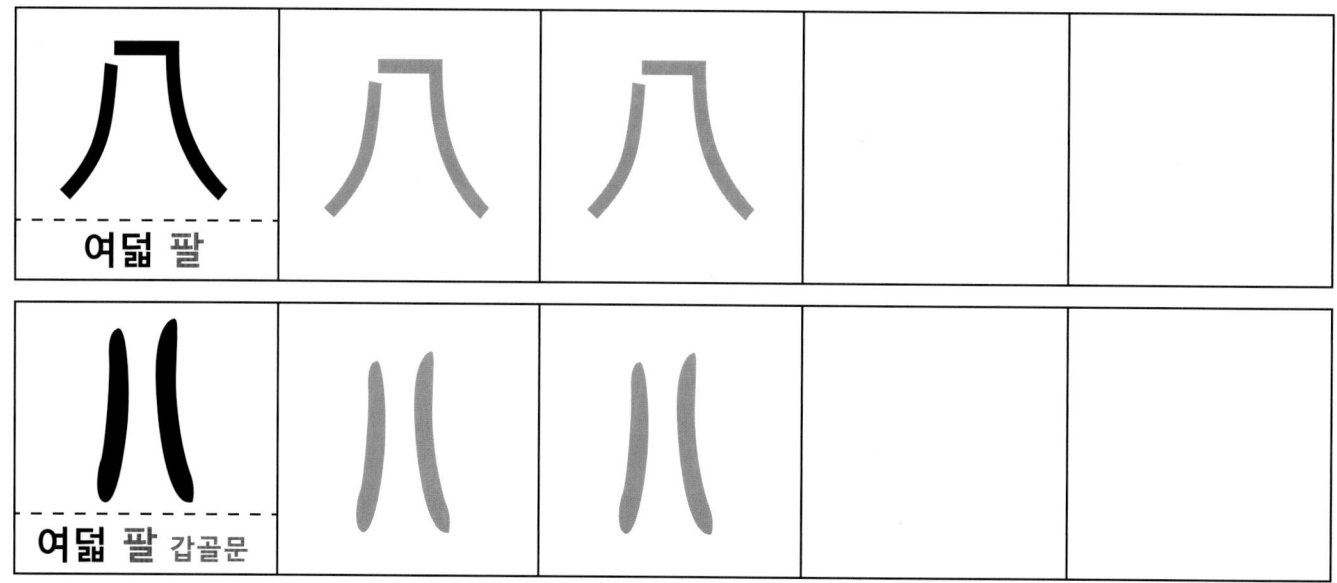

學				
배울 학				

| 배울 학 금문 | | | | |

韓				
나라 이름 한				

| 나라 이름 한 소전 | | | | |

兄	兄	兄		
맏 형				

갑골문 兄				
맏 형 갑골문				

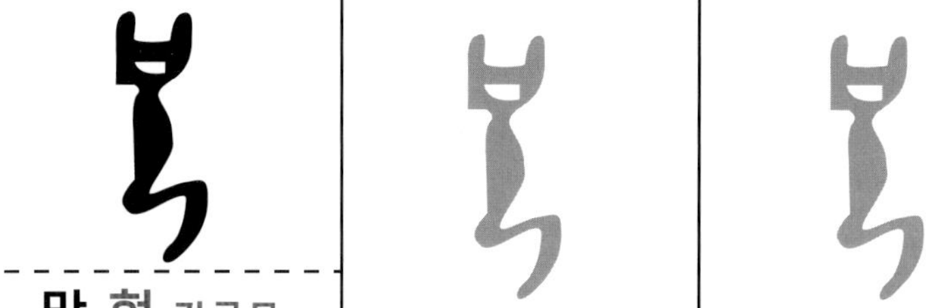

火	火	火		
불 화				

갑골문 火				
불 화 갑골문				

82

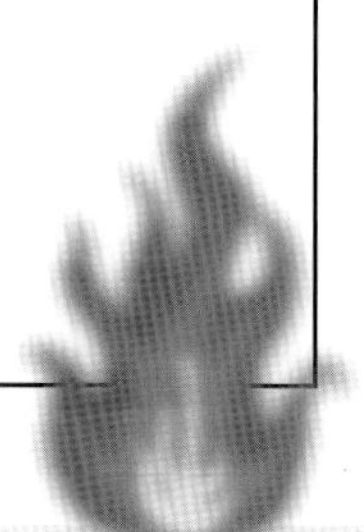

그림책 급수한자 8급

초판 1쇄 인쇄 2021년 12월 07일
초판 1쇄 발행 2021년 12월 07일

저자 김화영
그림 이예지
감수 하영삼
펴낸이 정혜정
펴낸곳 도서출판 3
표지디자인 김소연

출판등록 2013년 7월 4일 (제2020-000015호)
주소 부산광역시 금정구 중앙대로 1929번길 48
인쇄 호성피앤피
전화 070-7737-6738
팩스 051-751-6738
전자우편 3publication@gmail.com

ISBN: 979-11-87746-63-8 (77710)

이 책은 저작권법에 의하여 보호를 받는 저작물이므로 무단 전재와 복제를 금합니다.

잘못된 책은 구입처에서 교환해 드립니다. 가격은 겉표지에 표시되어 있습니다.